増補
新訂版

イメージと
例題で
理解する
Step ABC

よくわかるC言語

長谷川 聡 著

近代科学社

まえがき

　本書は、文系・理系・情報系を問わず、「**C言語**でプログラムを書けるようになりたい」人のための入門用**演習書**です。大学でのプログラミング演習の教科書兼問題集として筆者が2001年の初版発行以来改訂しながら利用してきた内容を、時代に合わせて新訂したものです。自学自習でも可能ですが、パソコンなどでプログラミングを実践し、疑問点を調べたり情報交換をしながら進めてください。

　本書（新訂版）の方針は、① AI（人工知能）の時代だからこそ自分でプログラムを書く。②小・中・高校でプログラミングを学んだ人も（そうでない人も）さらにステップアップで理解を進めC言語のプログラミングの力をつける。③イメージ（図）と例題で無理なく学べる。という点にあります。

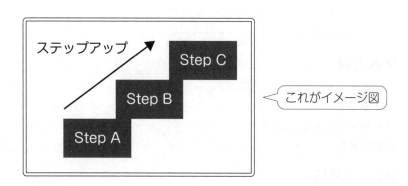

　C言語は利用の幅が広く、1974年の誕生以来、長く安定して利用されている言語ですが、仕様（書き方の文法規則や実行時の扱われ方）には時代にあわせて何度か変更が加えられています。本書は、「C99」以降の新しいCに基づいています。ただし、厳密性より分かりやすさを優先して（支障のない範囲で）仕様通りでない説明の箇所があります。こうした、学習する入門者への配慮も本書の特徴のひとつです。

　インターネット上にプログラミングに関する情報があふれ、AIがプログラムを生成してくれる時代だからこそ、結果を得るだけでなく、学ぶ過程やプログラムを書く過程を大切にして、深い理解と創造力の基礎を築いてほしいと思います。

　それでは、「知のフロンティアへの冒険」に最初の一歩を踏み出しましょう。

2023年9月

長谷川 聡

目次

凡例

Q 0_0 …… 演習問題。コンピュータなどでプログラミングし実行結果を確認。

Step A …… 基本問題。基本事項を理解する。例題を参照すればできるはず。
Step B …… 目標問題。自分でできることが目標。巻末に 解答例 を掲載。
Step C …… チャレンジ問題。実用レベルへのステップアップのための自由課題。

例 0-0 ……… プログラムの例。読んで理解しよう。演習の基本問題等に関係する。

要 点 ……… 文法事項などの要点のまとめ。
■要点項目

要点の内容を特に表などにまとめた場合

もっと知りたい人へ ……発展的内容の解説。

「おまじない」の意味など

たねあかし …… 説明を後回しにした事項を、後で解説したもの。

その他に、注意 、解説 、クイズ とその 答え などの項目があります。

囲み文字 …… 標語のようになっています。ことあるごとに唱えてください。

ゴシック……… 重要な用語など。

```
#include <stdio.h>
・・・・・
```
……… ソースプログラム

吹き出しで
プログラムの説明

こんにちは ……… プログラムの実行結果（画面表示）

……… イメージ図。プログラミングのときイメージしてほしい図。
実際に書くと良い。 図を描け

……… イメージ図や実行結果の予想、メモなどを、書き記してほしい
箇所

第 **0** 章　準備

●学習をはじめる前に、この本の特徴を理解します。
●この本の「ステップアップ」方式について理解します。
●プログラムの「開発手順」について学びます。
●プログラムの「開発環境」を確かめます。

0.1　この本の特徴

　「まえがき」で述べたように、本書は「C言語のプログラミング演習の教科書兼問題集」で、理解を助けるよう「イメージ（図）と例題で学ぶ」、「ステップアップ方式」で無理なくレベルアップする、などの特徴を持っています。

要点 ■この本の特徴
■イメージ図で理解する
　文字と記号で表現するプログラムを、
イメージで理解するため図を用いる。

■例題で学ぶ
　解説つきのプログラム例を読んで理解。　◁ 吹き出しに解説
■ステップアップ方式
　1. 演習問題がA→B→Cとステップアップ。
　2. 章ごとに知識がステップアップ。　◁ 3つのステップアップ
　3. プログラムをバージョンアップ。

0.2　3つのステップアップ

　本書で学ぶとき、「3つのステップアップ」が関係します。順に説明します。

（1）演習問題がA→B→Cとステップアップ
　演習問題は、第1章なら **Q1_1** 、**Q1_2** 、… のように章ごとに順に番号がついていて、問題ごとに、 Step A 、 Step B 、 Step C 、のどれかに分類してあります。

Step A … **基本事項**を理解するための問題。例などを参照してプログラムを実行。
Step B … **目標問題**。少し難しいものもあるが取り組んで実力を。巻末に**解答例**。
Step C … **チャレンジ問題**。各自の工夫で自由に挑戦。前後に参考例がある場合も。

（2）章ごとにステップアップ

　第 1 章から第 15 章まで、章ごとに順にさまざまな事項を学んでいきます。章が進むたびに知識を積み上げて、徐々に「できること」が増えていきます。他の言語でプログラム経験がある人などは、読むだけで先に進んでも構わない章もありますが、説明内容や例題、演習問題、そして 要点 の内容を確認して進むとよいでしょう。また、はじめのうちは、「おまじない」などとして説明を先送りした内容も、後の章で たねあかし として理由を説明しています。学び終わる頃には、学んだ範囲のプログラムはすべて意味がわかるはずです。この本では、プログラミングを知らないレベル（または小・中・高校などで基本を学んだレベル）からはじめて、さまざまなプログラムを自由に書けるレベルまでステップアップすることを目指します。

（3）プログラムをバージョンアップ

　同じ結果を得るプログラムを、演習問題や例題で繰り返し扱うことがあり、そのたびにステップアップしていきます。より良い書き方や別の書き方を知って表現力や理解が広がります。機能を追加してバージョンアップする場合もあります。試しに、次の **Q0_1** や **Q0_2** で演習問題の解答のバリエーションを見てみましょう。

Q0_1 　Step A

　　100 以下の素数をすべて表示せよ。

> 「素数」とは、1 とその数以外で割り切れない自然数。ただし 1 は素数に入れない。

　Q0_1 の解答として、答えを表示するだけの**例 0-1** でも一応結果を得られます。

例 0-1 100 以下の素数を表示（**Q0_1** の解答としてはフザケた答え）　参照　**Q0_1**

```
#include <stdio.h>

int main( void )          ← このプログラムは、第 1 章を学ぶと理解できる。
{
    printf("2,3,5,7,11,13,17,19,23,29,31,37,41,43,47,53,59,61,67,71,73,79,83,89,97") ;
    return 0 ;
}           2,3,5,7,11,13,17,19,23,29,31,37,41,43,47,53,59,61,67,71,73,79,83,89,97
```

> コンピュータの画面に表示される実行結果

　これでも結果は得られます。

　しかし、プログラムで素数を見つけないと意味がありません。**Q6_6** では「反復」、**Q7_5**、**Q8_2** では「関数」を使って素数を判定し、**例 9-7** では「配列」を使って、有名な「エラトステネスのふるい」で素数を見つけます。次に、もう 1 例を示します。

Q0_2　Step A

正の整数（10進数）をキーボードから入力させて、2進数にして表示せよ。

例 0-2 正の整数を 2 進数表示（**Q0_2** の解答のひとつ）　参照 **Q0_2**

```c
#include<stdio.h>

int main( void )
{
    int num, bin = 0 ;
    int base = 1 ;

    printf(" 正の整数（10進数）:") ;
    scanf("%d",&num) ;
    while( num>0 ){
        bin += (num % 2) * base ;
        num /= 2 ;
        base *= 10 ;
    }
    printf(" 2進数表示:%d\n",bin) ;
    return 0;
}
```

> 正の整数（10進数）：18
> 2進数表示：10010

> 第3章まで学習すれば理解できる。
> （すでにこのプログラムが理解できる人は、第1章、第2章あたりは目を通すだけで、先に進んでもよい。）

> %d で10進表示。2進数のビット列を10進数で表す裏技。

2進数表示は、**例3-1**で「ビット演算」、**例8-3**で「再帰」を使い実現します。

同様に、パズルやクイズゲーム、シミュレーションやデータ管理などの問題でも、同じような問題をいくつかのバリエーションで扱ってステップアップします。

プログラムのバージョンアップによるステップアップの例：

・素数を求める：　**例0-1** ⇨ **Q6_6** ⇨ **Q7_5** ⇨ **Q8_2** ⇨ **例9-7**
・2進数表示：　**例0-2** ⇨ **例3-1** ⇨ **例8-3**
・乱数の利用：　**例2-4** ⇨ **Q2_6** ⇨ **例8-1**
・三択クイズ：　**Q4_4** ⇨ **Q4_8** ⇨ **Q7_1**
・肥満度判定：　**Q4_6** ⇨ **Q8_3**
・複利計算（賃上げシミュレーション）：　**Q5_2** ⇨ **Q5_4**
・複利計算（まんじゅうこわい）：　**例5-2** ⇨ **Q5_5**
・ガチャポンシミュレーション：　**Q9_5** ⇨ **Q15_3**
・漢字の読み学習アプリ：　**例10-6** ⇨ **Q13_5** ⇨ **例15-4**
・データ管理アプリ：　**Q14_7** ⇨ **Q15_7**

この他にも、文法事項の理解やプログラム表現の多様性の理解のために複数の書き方をあつかった例題や演習問題が多数あります。演習問題で作ったプログラムは、ステップアップ（バージョンアップ）のために保存してください。

ゲームやパズルの例題なども、自由にアレンジして楽しみながら学んでください。

3

0.3　プログラミングの手順と道具

要 点　■プログラム作成手順　　　　　　　　　　　　C言語はコンパイル言語

■プログラム作成手順（基本）

　プログラミングの手順を図で表すと、次のようになります。

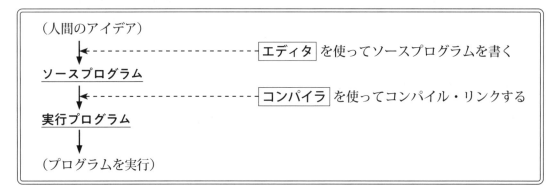

　とりあえず上の理解で十分ですが、詳しく見るならば、次のようになります。

■プログラム作成手順（詳細）

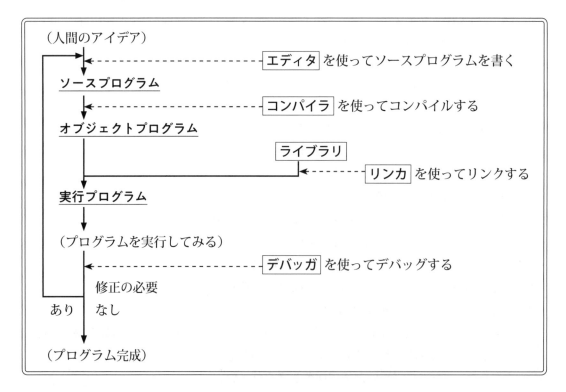

0.4 開発環境

　本書は、実際にコンピュータに向かって演習問題を
C言語でグラミングしながら学ぶ演習書です。

　学習を始めるにあたって、C言語でプログラミング
できる環境を整え、第1章「さっそくプログラミング」
の **Q1_1** のプログラムが実際に実行できることを確認
してください。

開発環境の例：(C99 規格に対応した開発環境をお勧めします)

① パソコンにコンパイラをインストール・設定して開発環境を整える。

　無料のコンパイラ、有料のコンパイラや開発環境、他の言語での開発機能も併せもつ開
発環境などがあります。インターネット上の説明・規約にしたがって準備してください。
コンパイラとは別に汎用のエディタを利用してもよいでしょう。

② タブレット端末にアプリをダウンロードしてプログラミングする。

　タブレット端末のアプリにC言語でプログラミングができるものがあります。複数の言
語に対応したものもあります。

③ インターネット上の Web システムを利用する。

　インストール不要でネット上でプログラミングできるサイトが複数あります。簡単に試
すことができます。ただし、入出力やファイルの扱いが特殊だったり制約がある場合も
あるので注意が必要です。

| 開発環境 | と | コンパイル | ・ | 実行 | の手順やコマンド

> RUN ボタン「▶」を押すだけで、
> 「コンパイル、リンク、実行」を、
> やってくれる開発環境もある。

メモ

第**1**章　さっそくプログラミング

> ●予備知識なしで「C言語によるプログラミング」をはじめます。
> ●これ以降、Cの文法は演習問題をやりながら順に学んでいきます。
> ●プログラムを書いて実行するまでの手順に慣れましょう。
> ●プリントエフ関数 printf() で画面に文字を表示します。

1.1　ここからはじめるC言語の基本のかたち

さっそく、プログラミングをしてみましょう。

Q1_1 Step A

次の**ソースプログラム**を記述して **q1_1.c** というファイル名で保存し、**コンパイル**して**実行**せよ（問題文の意味がわからない場合は第0章を参照すること）。

```
#include <stdio.h>

int main( void )
{
    printf("ようこそCの世界へ！") ;
    return 0 ;
}
```

> これがCで書いた
> ソースプログラムです。

解説　実行するとコンピュータからあなたへのメッセージが画面表示されます。

要点　■基本的なCのプログラムの形式

```
#include <stdio.h> ◄

int main( void )
{
      ここに、
      やりたい処理を書く

    return 0 ; ◄
}
```

> はじめに、この「おまじない」を書く。
> 当面、おまじないの意味は知らなくてよい。

> main() は、**メイン関数**。
> { で始まり } で終わる。
> int や void も当面「おまじない」。

> return 0 ; も当面「おまじない」。

要点 ■基本事項まとめ

■Cのソースプログラムのファイル名は *.c とする。**

　*** の部分は自由ですが半角英数字（1文字目は必ず英字）でプログラムの内容がわかりやすい名前をつけます。ファイル名の拡張子は .c としましょう。

> ソースファイル名は ***.c とする。

```
#include <stdio.h>

int main( void )                          ← メイン関数
{
    printf("ようこそCの世界へ！") ;       ← printf 関数
    return 0 ;
}
```

■Cのプログラムは関数でできている。

　printf() のように、特定の働きをもった命令のことを**関数**といいます。
　関数は、 関数名 () という形をしています。

■メイン関数は特別な関数

　メイン関数 main() は必ず1つ必要です。{} の中に、やりたい処理を書きます。
　int main(void) の int や void も「おまじない」（意味は後で説明します）。

■printf() は、コンピュータの画面に文字列を表示する働きをもつ関数

　printf() は、printf という名の関数で「プリントエフ関数」と読むのが一般的です。
　printf 関数は、printf(" 文字列 ") というように書くと、コンピュータの画面に文字列を表示する関数です。

■文字列は "（ダブルクォーテーションマーク）で囲む。

　文字列（文字のならび）は " と " で囲みます。　 " 文字列 "

■文の終わりには ;（セミコロン）をつける。

　命令文（例えば printf(" 文字列 ")）が1つ終わるごとに ;（セミコロン）が必要です。
　試しに、**Q1_1** のプログラムで printf 関数の後の ; を削除してコンパイルし、どんなエラーメッセージがでるか確かめてください。　 文 ;

注意 ほとんどのCの処理系で、文字列に日本語が使えますが、文字列以外では日本語の多バイト文字が使えません。例えば printf() の) を全角文字の ） とするとエラーになります。" " の外に全角スペース（空白文字）があってもエラーや警告になる場合があります。試しに、**Q1_1** のプログラムで " " の内側以外の場所に全角スペースをおいてコンパイルしてください。どんなメッセージがでましたか？

Q1_2 Step A

Q1_1 のプログラムの printf(" ようこそ C の世界へ！") ； に \n を追加して、printf(" ようこそ \n C の世界へ！\n") ； とすると実行結果はどうなるか。

ソースプログラムは **q1_2.c** と名前を変えて **q1_1.c** とは別に保存し、**q1_2** と **q1_1** の実行結果を比較せよ。文字列の中の \n は、どのような働きをもつか。

注意 \（バックスラッシュ）を入力するのに日本語キーボードでは「¥」を使います。開発環境によってはそのまま ¥ と画面表示されます。¥n と \n は同じ意味です。

要点 ■ \n（または ¥n）の働き

■文字列の中の \n（または ¥n）は 改行の働きをする。　　 | \n（または¥n）は改行 |

もっと知りたい人へ　＜ ¥ と \ は同じ＞

コンピュータの内部では、文字はコード番号で表されています（第11章 参照 ）。そして、同じコード番号の文字が、アメリカで決められた ASCII（アスキー）コードでは \（バックスラッシュ）であり、ASCII コードをもとに日本で決められた JIS コードでは ¥（円マーク）になっているのです。ですから表示される文字が、環境によって ¥ だったり \ だったりしても、コンピュータ内部では同じです。

もっと知りたい人へ　＜拡張表記（エスケープシーケンス）＞

\n のように、特殊な働きをもつ文字列を拡張表記（エスケープシーケンス）と呼びます。拡張表記には、\n（改行：new line）の他に、\r（復帰：return）、\b（後退：backspace）、\t（タブ：tab）などがあります。試してみてください。

Q1_3 Step B

コンピュータの画面に次のように3行のメッセージ文を表示せよ。

俺は、
プログラマーの王に
なる！

表示するメッセージは
各自で考える

解説 ソースプログラムの書き方は、ひと通りではありません。

解答例 p.125

1.2 プログラムは読みやすく

　実行結果は同じでも、ソースプログラムの書き方は、ひと通りではありません。
では、次の **Q1_4** の場合は、あなたならどう書きますか？

Q1_4 `Step A`

画面に次のような花文字を表示せよ。

```
        A
       A A
      A   A
     AAAAAAA
    A       A
   A         A
```
解答例は **例 1-2**。
（**例 1-1** は悪い例）

　Ｃでは、例えば、次のように書いてもプログラムは動きます。

例 1-1（動くけれど読みにくいソースプログラムの悪例）実行結果は **Q1_4** 参照。

```c
#include<stdio.h>
int main(void){
printf("    A\n   A A\n  A   A\n AAAAAAA\n A       A\nA         A\n");
return 0;}
```

　しかし、これでは、実行結果が予想できず、読みにくいプログラムです。

例 1-2（読みやすいソースプログラムにする工夫）実行結果は **Q1_4** 参照。

```c
#include <stdio.h>
                                              ← 1行あける

int main( void ) // 花文字を表示             ← コメント
{
    /* 花文字でAを表示する */              ← コメント
    printf("    A   \n") ;
    printf("   A A  \n") ;
    printf("  A   A \n") ;
    printf(" AAAAAAA \n") ;
    printf(" A       A \n") ;
    printf("A         A\n") ;
    return 0 ;
}
```

main 関数の中の処理の部分は、各行とも4字分字下げして行頭をそろえる

} は、はじめの { に合わせて1列目に

　プログラムは「動けばよい」というのは間違いです。プログラムの良さのひとつは、再利用可能な（つまり改良を加えながら将来自分や他人が役に立てることができるような）知的財産である点です。プログラムは読みやすく（他人にも意味がわかるソースプログラムに）するよう心がけてください。

　要点　■プログラムは読みやすく書く。　　　プログラムは読みやすく
■「プログラミングスタイル」の統一
　・意味の区切りで1行あける。
　・インデント（字下げ）をつける。
　・カッコの { と } の位置をそろえる。
　・適切なコメントをつける。
■コメント
　コメントは、実行プログラムの動作には影響しません。
　/* ではじまり */ でおわる文字列は**コメント**
　// 以降の文字列は行末まで**コメント**

Q1_5　Step B

　例えば下のようなプログラムを標準的なプログラムスタイルに修正し、読みやすくする工夫をしたソースプログラムにして、実行せよ。（表示内容は変えて良い）

```
#include<stdio.h>// 読みにくい！
int main(void)// これは悪い例です
/* このコメント必要ですか？ */{printf
("　　へ＿＿へ \n M／・(0")；
// C言語は自由だな〜 v(^0^)v
printf("0) ・\M ")；return 0；}
```

コメントはプログラムの内容の理解の助けとなるものに。

```
　　へ＿＿へ
M／・(00) ・\M
```

解答例 p.125

　プログラムの独創性は、書式（書き方）ではなく内容（何を実現するか）で決まります。　　　アイデアは独創的に、書式は一般的に

Q1_6　Step C

　文字を組み合わせて、何か面白い図形を画面に表示する作品を作れ。
　解説アイデアは個性を発揮して独創的に、書式は一般的なスタイルを守って読みやすく書きましょう。　　　アイデアは独創的に、書式は一般的に

<table>
<tr><td>第 **2** 章</td><td>## 変数と値</td></tr>
</table>

- ●「変数」と「値」を理解し、変数に値を「代入」することを学びます。
- ●変数や値の「型」について理解します。
- ●型変換（キャスト）の作用について学びます。
- ●スキャンエフ関数 scanf() でキーボードから値の入力を受け付けます。

2.1 変数に値を代入する

要点 ■変数と値

■変数

変数は、値を入れる箱のようなもの。

■値

変数（箱）には、具体的な**値**を入れて使う。

■代入

変数（箱）に値を入れることを**代入**という。

Q2_1 Step A

次のソースプログラムをファイル名 **q2_1.c** で保存し、**q2_1** という実行名で実行せよ。

```
#include <stdio.h>

int main ( void )
{
    int x ;

    x = 5 ;
    printf( " 変数 x の値は %d です。\n" , x ) ;
    return 0 ;
}
```

- x という名の int 型（整数型）の変数（箱）を用意する
- x は変数（箱） 5 は定数（値）
- x（箱）に 5（値）を代入
- x（箱）の値（箱の中身）を表示
- %d の位置に x の値（箱の中身）を表示

解説　int は、整数型（integer）を意味します。x = 5 ; は x という名の変数に 5 という値を代入する働きをします。=（イコール）は右辺の値を左辺の変数に代入する働きをします。

= は代入

要点　■変数の宣言と、変数への値の代入

■変数の宣言

int x ; というプログラムを実行すると、

x という名前の整数型の箱が 1 つ用意されます。

int 型の変数 x は、整数値を入れるための箱です。

■変数への値の代入

変数の宣言をした後に、

x = 5 ; とすると、

変数 x に整数値 5 が代入されて、

変数 x の値（箱の中身）が 5 になります。

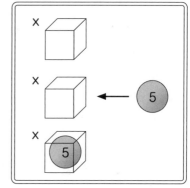

変数は、使う前にあらかじめ宣言しておく必要があります。　あらかじめ宣言

Q2_2　Step A

試しに、**Q2_1** のプログラムで 変数の宣言 int x ; を削除してコンパイルせよ。どんなエラーメッセージが出たか、確かめること。

なお、実際のプログラムでは、変数名は x などのように無意味な記号ではなく、例えば、テストの得点なら tokuten（または score）、年齢なら nenrei（または age）のように、意味のある名前をつけるようにしましょう。　プログラムは読みやすく

●初期化

変数を宣言するときに、同時にその変数に値を代入しておくこともできます。

はじめに値を入れておくことを**初期化**、入れる値を**初期値**と言います。

例 2-1　変数の初期化：実行結果は **Q2_1** と同じ。

```
#include <stdio.h>

int main ( void )
{
    int x = 5 ;        変数の宣言と初期化

    printf( "変数 x の値は %d です。\n", x ) ;
    return 0 ;
}
```

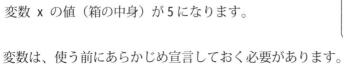

はじめから値が入った箱

2.2 データ型

データ型（data type）は、変数（箱）に入れる値の種類を表します。データ型には、int（整数型）、double（実数型）、char（文字型）などがあります。入れるものによって箱の形や大きさが違うように、入れる値の型によって変数の型が違うのです。

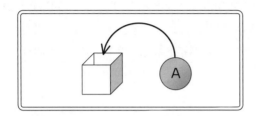
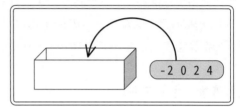

Q2_3 Step B

次のプログラムを、変数の宣言時に初期化する形（**例2-1** 参照）に書き換えよ。

```c
#include <stdio.h>

int main ( void )
{
    int    seisu ;
    double jissu ;          変数の宣言  あらかじめ宣言
    char   moji ;

    seisu = 3 ;
    jissu = 2.6 ;           値の代入  ＝は代入
    moji = 'A' ;
                        エル
    printf("seisu の値は %d\njissu の値は %lf\nmoji の値は %c\n",seisu,jissu,moji) ;
    return 0 ;
}
```

| 解説 | 文字の値は、'（シングルクォーテーションマーク）で囲みます。'文字'
printf 関数の中の %d, %lf, %c の違い（型によって使い分け）に注意しましょう。

解答例 p.126

| 要点 | ■基本的なデータ型

型宣言子	データ型	値の例	変換指定子
int	整数型	-1, 0, 1, 542	%d
double	実数型	-1.2, 3.26, 2.0	%lf（エル・エフ）
char	文字型	'A', 'b', '?', '3'	%c

もっと知りたい人へ　＜**データ型とデータサイズ**＞

　データ型には、int（整数 integer），double（実数 double precision floating point number：倍精度浮動小数点数），char（文字 character）の他に、float（実数　floating point number：浮動小数点数）などがあります。各データ型のサイズ（箱の大きさ）は、sizeof 演算子を使って printf("%d",sizeof(int)); などと書けば表示できます。表示されるデータサイズの単位はバイト（Byte）です。1Byte = 8bit（ビット）で、1 ビットは 0 か 1 か（2 通り）を表すデジタルデータの最小単位（2 進数の 1 ケタ）です。1 バイトは、$2^8 = 256$ 通りの情報を表すことができるデータサイズです。2 バイトなら、$2^{16} = 65536$ 通りです。

●型変換（キャスト）

　値の型を、別の型に変換することを、**キャスト**と言います。

例 2-2　キャスト演算子による型変換

```
#include <stdio.h>

int main ( void )
{
    int seisu ;
    float jissu = 1.732 ;

    seisu = (int) jissu ;
    printf("seisu の値は %d\n", seisu) ;
    return 0 ;
}
```

(int) は、値を整数型に変換するキャスト演算子。実数型の jissu の値が整数型に変換される。

seisu の値は 1

　解説　ある値を別の型の変数に代入すると自動的に代入先の変数の型に合わせられるため、プログラム中の seisu = (int)jissu ; は、seisu = jissu としてもこの場合の結果は同じです。しかし、記述の間違いでないことを示すためにも**キャスト演算子**を使って型変換を明示すべきです。　　　　　　　　プログラムは読みやすく

　double 型の変数や値の前にキャスト演算子 (int) をつけて int 型に変換すると、小数点以下が切り捨てられて整数に変換されます（例：1.6 → 1）。また、整数の前に (double) をつけると小数以下を 0 とする実数値に変換されます（例：2 → 2.0）。

Q2_4　Step A

　double 型の変数に値を入れ int 型にキャスト（その逆も）して値の変化を確かめよ。

2.3　キーボードからの値の入力

キーボードから値の入力を受け付けて変数に格納する方法を覚えましょう。

例 2-3　scanf 関数による入力の受け付け

```
#include <stdio.h>

int main ( void )
{
    int   kazu ;

    printf(" 好きな整数を入力してください：") ;
    scanf("%d",&kazu) ;
    printf(" あなたの好きな数は %d ですね。\n",kazu) ;
    return 0 ;
}
```

好きな整数を入力してください：7
あなたの好きな数は 7 ですね。

scanf 関数では変数に & をつける

printf 関数では & はつけない

要点　■ scanf 関数（キーボードからの入力受け付け）

scanf 関数　書式：scanf(" 書式 ",& 変数名 ,& 変数名 ,…)

働き：キーボードからの入力を受け付け変数に値を入れる。

値の型は " " の中で %d（整数型）、%lf（実数型）、%c（文字型）等で指定。

変数名の前には &（アンパサンド）をつける（& の意味は第 12 章で説明します）。

使用例：scanf("%d",&x) ;　← 3 と入力すると x に 3 が入る。

scanf("%d %d",&x,&y) ;　← 1 2 と入力すると x に 1、y に 2 が入る。

scanf("%d,%d",&x,&y) ;　← 1,2 と入力すると x に 1、y に 2 が入る。

実行プログラムは、scanf 関数が実行されるとキーボードでの値入力の後にエンターキーの入力があるまで次の処理に進まずに待ちます。

Q2_5 Step C

scanf 関数を使って、整数と実数の値を ,（カンマ）で区切って 2 数いちどに入力させ、そのままの値を表示した後、整数値→実数型、実数値→整数のようにキャストした値も表示するプログラムを作り、入出力とキャストの機能を試せ。また、値の入力の書式や、データサイズ表示などを自由に試せ。　参照　**例 2-2** 、**例 2-3**

解説　文字→整数など文字型の値の変換については第 11 章で学びます。

17

2.4 乱数の発生

変数に値を入れる方法として、例えば、x=5 ; のようにソースプログラム内で値を指定して代入する他に、scanf("%d",&x) ; のように外部入力（scanf 関数の場合はキーボードからの入力）※ を受け付ける方法がありました。

他に値を得るのに、「乱数」を使ってプログラム実行時にコンピュータで値をランダムに発生させる方法があります。**例 2-4** では、乱数を発生させて変数に代入します。

例 2-4 乱数による値の生成（少し先走った内容を含みます）

```
#include <stdio.h>          scanf 関数 /print 関数を使うための「おまじない」
#include <stdlib.h>         rand 関数 /srand 関数を使うための「おまじない」
#include <time.h>
                            time 関数を使うための「おまじない」
int main( void )
{
    int num ;               乱数初期化の「おまじない」。※下の 解説 を参照

    srand(time(NULL)) ; //乱数の開始点を時刻（実行するたびに異なる）で設定
    printf("0 ～ %d の乱数 \n",RAND_MAX) ; //RAND_MAX は rand() が生成する乱数の最大値
    num = rand() ;          //0 ～ RAND_MAX の範囲の整数をランダムに生成
    printf("%d\n",num) ;
    return 0 ;              0 ～ 2147483647 の乱数
}                          742370579                実行するたびに異なる値
```

解説 srand(time(NULL)); がないと rand() が生成する乱数は毎回同じ値から始まります。

コンパイル時に警告文などが出るときは、srand((unsigned)time(NULL)); としてください。関数の利用や記述の意味は第 8 章で学びます。NULL の意味は第 12 章で説明します。#include ではじまる「おまじない」の意味は第 7 章で説明します。

Q2_6 Step B

例 2-4 で「num=1+rand()%6」として表示せよ。1 ～ 6 の値がランダムに出るサイコロのプログラムであることを確かめよ。 解説 ％などの意味は次の第 3 章で学びます。

解答例 p.126

※ キーボード入力以外に外部から値を得る方法には、データファイルからの読み込み（第 15 章で学びます）や、コマンドライン引数（本書では扱っていない）があります。

●すでに前章で利用した「代入演算子」について復習します。

●「算術演算子」を学び、算術演算を使ったプログラムを作ります。

●「複合代入演算子」を学び、その働きを理解します。

●「ビット演算」（のうちのシフト演算）などについても説明します。

3.1　代入と算術演算

代入演算子は第2章で学びました。 = は代入

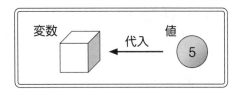

要点 ■代入演算子

代入演算子	働き	使用例
=	右辺の値を、左辺の変数に代入する	x=2　　x=y

注意　代入演算子による代入は後ろから前（右辺から左辺）に行われます。

x=y ; の場合の y は変数 y の中身の値を意味し、y に値が入っている必要があります。

左辺の x は空の箱でも構いません。x に値が入っていたら上書きされて値が変わります。

他にどんな演算子があるのでしょうか。まず、算術演算子を試してみましょう。

Q3_1 Step A

　次のプログラムの実行結果を予想し、実行して確かめよ。また、プログラム中の演算子 + を - 、* 、/ 、% に換えて、それぞれの演算子の働きを調べよ。

```c
#include <stdio.h>

int main ( void )
{
    int  kazu1 , kazu2 , kotae ;

    kazu1 = 17 ;
    kazu2 = 3 ;
    kotae = kazu1 + kazu2 ;
    printf(" 計算の結果は %d です \n",kotae) ;
    return 0 ;
}
```

同じ型の変数は，（カンマ）で区切って一度に宣言できる

演算の結果を代入している

= は代入

要点　■算術演算子

算術演算子	働き	使用例
+	足す	1+2, x+3, x+y, 1.4+2.3
-	引く	1-3, x-3, x-y, 3.3-5.2
*	かける	2*3, x*3, x*y, 2.4*3.2
/	割る	2/3, x/3, x/y, 2.3/0.3
%	割った余り（整数の演算の場合のみ）	5%2, x%3, x%y

注意　演算子には優先順位があります。例えば、 * は + より優先度が高いので、1+2*3 は、(1+2)*3 ではなく 1+(2*3) と同じ意味になります。プログラムを書くときに優先順位を覚えていなくても、() を使って書けば大丈夫です。

Q3_2　Step B

1 枚 1500 円のチケットの購入枚数を入力すると金額がわかるプログラムを作れ。さらに、支払い金額を入力させてお釣りの金額を表示せよ。 参照 第 2 章 scanf()

解答例 p.126

●整数の演算と、実数の演算

例えば、int x=5, y=2 のとき、x/y の値は、小数以下が切り捨てられ整数値 2 となります。実数値で 2.5 と計算したい場合は、(double)x/(double)y とします。

同様に 5/2 の値も 2 となります。実数で計算したければ (double)5/(double)2 または、5.0/2.0 などと書く必要があります。 参照 第 2 章「キャスト演算子」

Q3_3　Step B

整数値を 2 つ入力させ、1 つ目を 2 つ目で割った商（整数部）と余りを表示せよ。

解答例 p.127

●整数と実数が混在する演算

整数と実数が混在する演算の場合には、整数値が自動的に実数に変換されます。例えば double x=5.0 ; int y=2 ; のとき、x/y は 実数値 2.5 となります。

これは、複数の型が混在すると自動的に精度の高い方に合わせられるからですが、誤解を避けるため x/(double)y のように、実数どうしの演算と明示すべきです。

Q3_4　Step B

品物の税抜き価格と税率（%）を入力させ税込み価格（小数切り捨て）を表示せよ。

解答例 p.127

3.2 複合代入演算子

複合代入演算子は、算術演算と代入が複合したものと言えます。作用を知ろう。

要点 ■複合代入演算子

複合代入演算子	働き	使用例	同じ意味の書き換え
+=	足して代入し直す	x+=2	x=x+2
-=	引いて代入し直す	x-=2	x=x-2
*=	かけて代入し直す	x*=2	x=x*2
/=	割って代入し直す	x/=2	x=x/2
%=	割った余りを代入し直す（整数のみ）	x%=2	x=x%2

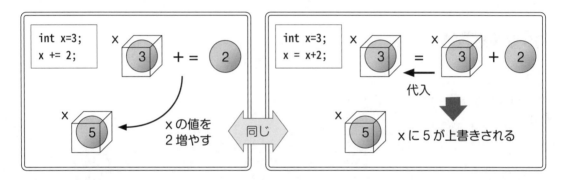

Q3_5 Step A

次のプログラムを実行し、演算子 += を -=, *=, /=, %= に換えて試せ。

```c
#include <stdio.h>

int main ( void )
{
    int x = 8 ;

    x += 3 ;
    printf("%d\n",x) ;
    return 0 ;
}
```

演算子 += を、いろいろ換えて試し、
+=, -=, *=, /=, %= の働きを確かめよう。

Q3_6 Step B

Q3_4 を、税抜き価格と税込み価格を同じ変数にして、複合代入演算で実現せよ。

解答例 p.128

3.3　ビットシフト演算と、その他の演算子

　例えば、int 型（整数型）のデータサイズ（変数の箱の大きさ）は、多くの処理系で 4 バイトであり、1Byte=8bit なので 32 ビット（二進数で 32 ケタ分）になります。

　例えば、int x=3 ; のとき、十進数の 3 は二進数では 11 なので、コンピュータの内部の表現では、x の値は 00000000000000000000000000000011 となっています。

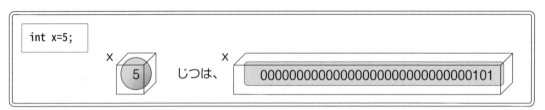

Q3_7 Step A

次のプログラムを実行し「シフト演算」の働きを試せ。

```c
#include <stdio.h>

int main ( void )
{
    int x = 1 ;
    int y ;

    y = x<<1 ;
    printf("%d\n",y) ;
    return 0 ;
}
```

<<1 の 1 を、2,3,4 などに換えて試し、
シフト演算の働きを確かめよう。

2

<<1 は値を 1 ビット（1 ケタ）左にシフトする。
00000000000000000000000000000001 の <<1 は
00000000000000000000000000000010

Q3_8 Step A

次のプログラムを実行し、「シフト演算の複合代入演算」を試せ。

```c
#include <stdio.h>

int main ( void )
{
    int x = 1 ;

    x <<= 1 ;
    printf("%d\n",x) ;
    return 0 ;
}
```

<<=1 の 1 を、2,3,4 などに換えて試し、
シフト演算の複合代入演算の働きを確かめよう。

2

| 要 点 | ■ビットシフト演算子 | | |

シフト演算子	働き	使用例
<<	左シフト	x<<2
>>	右シフト	x>>2

| 要 点 | ■ビットシフト演算の複合代入演算子 | | | |

複合代入演算子	働き	使用例	同じ意味の書き換え
<<=	左シフトして代入し直す	x<<=2	x=x<<2
>>=	右シフトして代入し直す	x<<=2	x=x>>2

　C言語では、シフト演算のようにビット列を対象にした演算（ビット操作）が可能です。ビット操作は、コンピュータやメモリを意識した処理を可能にし、ロボットなど様々な装置のハードウェアを制御するプログラムの開発にもつながるものです。C言語を学ぶことは、コンピュータ内部の仕組みの理解にも役立ちます。

もっと知りたい人へ

　ビット演算にはシフト演算のほかに、「ビット論理演算」があります。ビット論理演算子には、&（ビット積：ビットごとのAND演算）、|（ビット和：ビットごとのOR演算）、^（ビット差＝排他的論理和：ビットごとのXOR演算）があり、それぞれの複合代入演算子もあります。~（ビット反転：NOT演算,~x のように使う）などもあります。もっと知りたい人は、働きを確かめてみてください。

例 3-1　整数値を2進数表示（ビット論理演算とビットシフト演算を利用）例 0-2 参照

```
#include <stdio.h>

int main( void )
{
    int num ;
    int i ;

    printf(" 正の整数を入力 : ") ;
    scanf("%d",&num) ;
    for ( i = 15 ; i >= 0 ; i-- ){
        printf("%d",1 & num>>i) ;
    }
    return 0 ;
}
```

> 正の整数を入力：365
> 0000000101101101

> for 文（反復構造）は第5章で学ぶ。

> 16bit(2Byte) ぶんの2進数表示。
> >> （ビット右シフト）と & （ビット積）を利用。

> 整数を2進数表示する方法は他にもいろいろ・・・

　なお、演算子には、この章で扱ったもののほかに、関係演算子（第 4 章）、論理演算子（第 4 章）、増分・減分演算子（第 5 章）などがあります。それぞれ、後の章で学びます。

Q3_9　Step C

　第 3 章で学んだ演算を利用して、例えば次のようなプログラムを考案して作れ。

　　例）　・「メートル→マイル」「摂氏（℃）→華氏（°F）」などの単位変換プログラム

　　　　　・「半径から円の面積や球の体積」など、公式を使って値を求めるプログラム

　ただし、機能がわかるよう、適切にメッセージを表示し、ソース内にコメントを記すこと。

第4章　制御構造 (1)　分岐

> ● 制御構造のうち「分岐（選択）」について学びます。
> ●「if 文」による分岐構造を 3 通りのパターンに分けて順に学びます。
> ● 条件式に利用される「論理演算」を理解します。
> ● 多分岐に便利な「switch 文」も学びます。

　プログラムは、基本的にはソースプログラムに書かれた順番（上から下）に実行されます。これを①**順次**(または連接)処理と言います。しかし、処理の流れを制御(コントロール)して、順次処理とちがう流れで実行することができます。それが②**分岐**（または選択）処理や③**反復**（または繰り返し）処理であり、それらを実現する**制御構造**を**制御文**を使って記述します。「分岐（選択）」の基本を第 4 章、「反復（繰り返し）」の基本を第 5 章、制御構造の応用的内容を第 6 章で学びます。

4.1　if 文の 3 つのパターン

● if 文 （パターン 1）　もし〜ならば○○

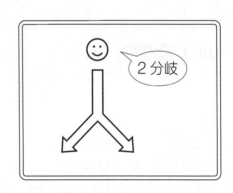

　if 文は、下のような構文（書き方）で、「条件が成り立つ場合だけ処理を実行する」という働きをもつ制御文です。

if 文の構文（パターン 1）

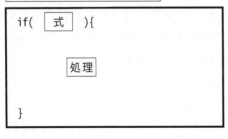

もし、条件の 式 が成り立つならば、
処理 を実行する。

　式 が成り立たないときは何も実行せずに次の処理に進みます。
処理 が 1 文だけの場合は {} を省略できますが、常に {} をつける方が賢明です。

例 4-1　if 文：パターン 1

```
#include <stdio.h>

int main ( void )
{
    char  kotae ;

    printf(" 楽しい？ [Y/N] >") ;
    scanf("%c",&kotae) ;
    if( kotae == 'Y' ){
        printf(" よかった。\n") ;
    }
    return 0 ;
}
```

== は、左辺の値と右辺の値が同じかどうか
を比較する**関係演算子**

```
楽しい？ [Y/N] >Y
よかった。
```

Y 以外のときは
何も表示されない。

if 文の 処理 が 1 文だけのとき {} は省略できるが
省略しない方が誤解や間違いが起きにくい。

if 文の {} 内（ 処理 の部分）は 4 字分下げてそろえるとよい。

要 点　■**関係演算子**：条件式に使われて右辺と左辺の値を比較する

関係演算子	意味（どんなときに式が成立するか）	使用例	
==	左辺と右辺の値が等しい	x==3	a==b
!=	左辺と右辺の値が等しくない	x!=5	a!=b
<	左辺の値が右辺の値より小さい	x<5	a<b
>	左辺の値が右辺の値より大きい	x>5	a>b
<=	左辺の値が右辺の値以下	x<=5	a<=b
>=	左辺の値が右辺の値以上	x>=5	a>=b

Q4_1　Step A

　例 **4-1** を、YES なら 1、NO なら 0 などと整数で入力するように改変して実行せよ。

　注意　==（比較）と =（代入）を間違えないようにしよう。　= は代入　　== は比較

　例えば、if(x=1) のように == と書くべきところを = と間違えるのは、よくある失敗
ですが、このミスは**文法エラー（コンパイルエラー）**にも**実行エラー**にもならず実行で
きてしまうので、やっかいです。このように実行時の動作が、意図した処理と違う場合
を**論理エラー**と言います。試しに、if(x=1) や if(x=0) の動作を確かめてみてください。
これらの動作の理由は　参照　第 6 章。

Q4_2　Step B

　年齢の入力を受け付け、18 歳未満のときだけ「入場できません」と表示せよ。
　解答例 p.128

●**論理演算による、条件式の組み合わせ**

例 4-2　条件式の論理演算

```
#include <stdio.h>

int main ( void )
{
    double weight ;

    printf(" 製品 A の重量 (g)：") ;
    scanf("%lf",&weight) ;
    if( (weight >= 50.0) && ( weight < 55.0) ){
        printf(" 基準合格 \n") ;
    }
    return 0 ;
}
```

&& は、AND（かつ）
を表す**論理演算子**

製品 A の重量 (g)：53.4
基準合格

解説　例えば x > 5 と x <= 18 の２つの条件式を、&& で結ぶと、２つの式が両方とも成り立つときだけ成り立つ条件式となります。論理演算子(&&など)よりも関係演算子(<など）の方が優先順位が高いので、(weight >= 50.0) && (weight < 55.0) の ()は、なくてもかまいません。

注意　C 言語では 50.0 <= weight < 55.0 という書き方はできません。

論理演算子には && （AND）の他に、|| （OR）や ! （NOT）があります。

縦棒「|」が２本。キーボードでは「shift」＋「¥」など。

要点　■論理演算子

論理演算子	意味	使用例
&&	論理積　AND（かつ）	x<3 && x%2!=0
||	論理和 OR（または）	x==5 || y==-3
!	否定　NOT（〜ではない）	!(x==3)

! は、否定したい条件の前につけます。例えば、!(x==3) は、「x==3 ではない」という条件を意味し、x!=3 と同じ意味になります。参照　!= は関係演算子

クイズ　!(x<=-2 || x>9) を、!と || を使わずに && で書くとどうなるか。
答え　x>-2 && x<=9 （ -2<x && x<=9 などでもよい）

Q4_3 Step B
年齢の入力を受け付け、3 歳未満と 70 歳以上のとき「入場無料」と表示せよ。
解答例 p.128

● if文（パターン2）　もし〜ならば○○、そうでないなら××

if 文で、次のような書き方をすると、「条件が成り立つ場合とそうでない場合とで別々の処理を実行する」という動きになります。

if 文の構文（パターン2）

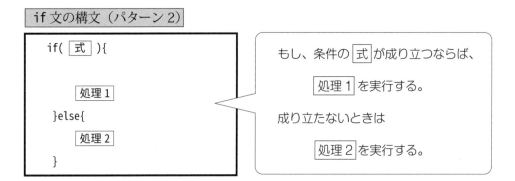

if(　式　){

　　処理1

}else{

　　処理2

}

もし、条件の 式 が成り立つならば、

処理1 を実行する。

成り立たないときは

処理2 を実行する。

例4-3　if 文：パターン2

```
#include <stdio.h>

int main ( void )
{
    int kazu ;

    printf(" 好きな整数を入力してください：") ;
    scanf("%d",&kazu) ;
    if( (kazu%2) == 0 ){
        printf(" 偶数を選んだあなた！すっぱり 2 つに割り切っていきましょう。\n") ;
    }else{
        printf(" 奇数を選んだあなた！2 つに割れないけど余りには福があるよ。\n") ;
    }
    return 0 ;
}
```

kazu%2 は「kazu を 2 で割った余り」。
参照 算術演算子

Q4_4　Step B

三択式クイズを出題し、番号で選択された解答が「正解」か「不正解」かを判定して表示するプログラムを作れ。

解答例 p.129

● if 文 (パターン 3) もし〜ならば○○、そうでなくて…ならば××、どれでもなければ△△

3つ以上に枝分かれする場合 (多分岐という) も if 文で表現できます。

if 文の構文 (パターン 3)

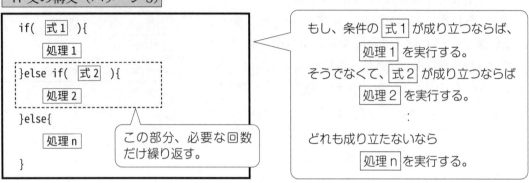

```
if( 式1 ){
    処理1
}else if( 式2 ){
    処理2
}else{
    処理n
}
```

この部分、必要な回数だけ繰り返す。

もし、条件の 式1 が成り立つならば、処理1 を実行する。
そうでなくて、式2 が成り立つならば 処理2 を実行する。
              :
どれも成り立たないなら 処理n を実行する。

例 4-4 if 文：パターン 3 (if 文による多分岐)

```
#include <stdio.h>

int main ( void )
{
    int age ;

    printf(" 年齢は？ ") ;
    scanf("%d",&age) ;
    if( age >= 70 ){
        printf(" シニア \n") ;
    }else if( age >= 18 ){
        printf(" 成人 \n") ;
    }else{
        printf(" 未成年 \n") ;
    }
    return 0 ;
}
```

「18 歳以上 70 歳未満」を表す。
「age>=18 && age<70」としなくても、1 つめの条件式「age>=70」の else 条件なので「age>=18」だけでよい。

「18 歳未満」を意味する。

Q4_5 Step A

年齢によって、幼児・小人・大人・シニア料金の 4 つの料金区分に分類せよ。

Q4_6　Step B

身長（cm）と体重（kg）を入力すると BMI（Body Mass Index）の値と肥満度を教えてくれるプログラムを作れ。ただし、BMI の値は、

　　体重 [kg] ÷（身長 [m] ×身長 [m]）

で求められる（身長の単位は cm ではなく m）。また、肥満度は、日本肥満学会による判定基準（右の表）では、BMI 値 18.5 未満が「低体重」、18.5 以上 25 未満が「普通体重」、25 以上が「肥満」であり、肥満はさらに、30 未満が「肥満（1 度）」、30 以上 35 未満が「肥満（2 度）」、35 以上 40 未満が「肥満（3 度）」、40 以上が「肥満（4 度）」に分類される。

解答例 p.129

表　BMI による肥満度判定基準

BMI(kg/m²)	判定
BMI<18.5	低体重
18.5≦BMI<25	普通体重
25≦BMI<30	肥満（1 度）
30≦BMI<35	肥満（2 度）
35≦BMI<40	肥満（3 度）
40≦BMI	肥満（4 度）

出典：「肥満症診療ガイドライン 2022」
（日本肥満学会）・改変

もっと知りたい人へ

if 文パターン 3 はもともと、下の図①に示すパターン 2 の構文の 処理 2 の部分を図②で置き換えた、図③のような if 文の「入れ子構造」です。最初の else の { } を省略してインデント（字下げ）などを整えると図④構文パターン 3 の形になるのです。

図①パターン 2　　　図②パターン 2 追加　　図③パターン 2 の入れ子　　図④パターン 3

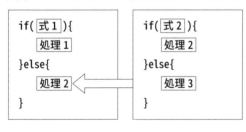

※図④の 処理 3 をさらにパターン 2
　で置き換えれば 4 分岐になる。

Q4_7　Step C

例えば、最高気温で 25 度以上「夏日」30 度以上「真夏日」35 度以上「真夏日」、試験の得点で「A」「B」「C」「D」など、値による分岐を含むプログラムを考えて作れ。

4.2 switch 文

if 文だけでも分岐（選択）処理の実現には充分なのですが、変数の値の違いを手がかりにした分岐を表すのに便利な制御文として switch 文があります。switch 文は多分岐（3 つ以上の分岐）を表すのに便利です。

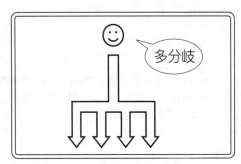

多分岐

switch 文の構文

```
switch( 変数 ){
    case 値1 :
        処理1
        break ;
    case 値2 :
        処理2
        break ;
    default :
        処理 n
}
```

変数 の値が、
値1 ならば
処理1 を実行。
値2 ならば
処理2 を実行。
:
どれでもないなら
処理 n を実行する。

この部分は必要な回数だけ繰り返す

Q4_8 Step A

次のプログラムを続きを作って完成せよ（解答例は**例 4-5**）。break; の働きは？

```c
#include <stdio.h>

int main( void )
{
    int bango ;
                              3 択クイズの内容はオリジナルに。
    printf(" あなたが学んでいるプログラミング言語は？ \n") ;
    printf("1.A 言語   2.B 言語   3.C 言語    番号で> \n") ;
    scanf("%d",&bango) ;
    switch( bango ){
      case 1 :
                              つづく
```

例 4-5　switch 文

```
#include <stdio.h>

int main( void )
{
    int bango ;

    printf(" あなたが学んでいるプログラミング言語は？\n") ;
    printf("1.A 言語　　2.B 言語　　3.C 言語　　　番号で＞\n") ;
    scanf("%d",&bango) ;
    switch( bango ){
      case 1 :
        printf(" そんな言語は知りませんよ。\n") ;
        break ;
      case 2 :
        printf("B 言語は C 言語の前身の言語です。\n") ;
        break ;
      case 3 :
        printf(" はい。私と一緒に学びましょう。\n") ;
        break ;
      default :
        printf("1 ～ 3 の数字で選んでください。\n") ;
    }
    return 0 ;
}
```

> 注意 ここに break; をつけないと、そのまますぐ下の case の処理が続けて実行される。

Q4_9　Step B

2 つの実数値を入力し、1. 足し算、2. 引き算、3. かけ算、4. 割り算 のどれかを番号で選ぶと、選んだ演算法で 2 つの数を演算するプログラムを作れ。

解答例 p.130

例えば、「学校のクラス（1 組なら 1）を入力すると担任の名前が表示される」プログラムは、switch 文で見やすく書けますが、if 文（パターン 3）でも書けます。

「学生番号を入力するとクラスが表示される」プログラムは、例えば、120 人の学生を、「001 ～ 030 番は 1 組」などと連番で組分けする場合と、「学籍番号を 4 で割った余りが 0 か 1 か 2 か 3 か」で組分けする場合などによって、if 文が適している場合と switch 文が適している場合があります（どちらでも変わらない場合もあります）。

Q4_10　Step C

学生番号をもとにクラスと担任を表示せよ。クラス分けの方法をコメントで記すこと。

第 5 章

制御構造 (2)　反復

●制御構造のうち「反復（繰り返し）」について学びます。
●「while 文」による前判定反復の基本を学びます。
●「do 〜 while 文」による後判定反復の基本を学びます。
●「for 文」による回数指定反復の基本も学びます。

5.1　while 文（前判定反復）

while 文は「条件が成り立つ間は処理を繰り返す」
という制御構造を実現する制御文です。毎回、処理を
実行する前に、実行するかどうか条件式によって判定
されるので、**前判定反復**と呼びます。

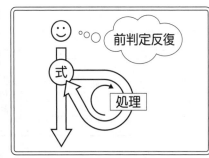

while 文の構文

```
while(    式    ){
    処理
}
```

式 が成り立っている間は、
処理 を繰り返す

例 5 –1　while 文

```c
#include <stdio.h>

int main( void )
{
    int x ;

    x = 0 ;
    while( x < 5 ){
        printf("x は %d\n",x) ;
        x ++ ;
    }
    return 0 ;
}
```

x の初期化：
　while 文で式 x<5 が評価されるまでに、変数 x に値が入って
いる必要があるので、x はあらかじめ初期化しておく。

x++ は、変数 x の値を 1 つ増やす働き。
評価前に変数 x に値が入っている必要がある。

Q5_1　Step A

例5-1 のプログラムを、実行結果を予想してから実行せよ。

解説　++ は値を 1 つ増やす**増分演算子**。例 5-1 では x++ を x+=1 と書いても x=x+1 と書いても同じです。x=x+1 は右辺の値を左辺の変数に代入するので右辺が評価される前に x の値が定まっている必要があります。これは x++ でも x+=1 でも同じです。

● 増分演算子・減分演算子

　ここで、反復処理によく使われる**増分演算子**（インクリメント演算子）と**減分演算子**（デクリメント演算子）についてまとめましょう。

　++x のように演算子を変数の前に置く書き方もあり、後ろに置く x++ とは少し働きが異なります。

要点　■増分・減分演算子

種類	記号	働き	位置	使用例（別の書き方）	式の値
増分	++	値を 1 増す	前置	++x　（x+=1, x=x+1）	増分した後の値
			後置	x++	増分する前の値
減分	--	値を 1 減らす	前置	--x　（x-=1, x=x-1）	減分した後の値
			後置	x--	減分する前の値

　x のような変数だけではなく、x++ や --x といった式にも値があります。

++x と書くのと、x++ と書くのでは、上の表に示すように、式の値が違います。

++x は、増やしてから評価		x++ は、評価してから増やす

クイズ　次の 2 つのプログラムの実行結果は？　＜ ++x と x++ の値の違い＞

```
    int x = 0 ;

    while( x < 10 ){
        if( (++x)%2 == 0 ){
            printf("%d ",x) ;
        }
    }
```

```
    int x = 0 ;

    while( x < 10 ){
        if( (x++)%2 == 0 ){
            printf("%d ",x) ;
        }
    }
```

答え　左　2 4 6 8 10　　　　　右　1 3 5 7 9

++x は、増やしてから評価　　　　x++ は、評価してから増やす

もっと知りたい人へ　＜はじまらないループと終わらないループ＞

■はじまらないループ

　while 文で条件の 式 が、はじめから成り立たない場合は、処理 は一度も実行されません。

```
x = 6 ;
while( x < 5 ){
    printf("x の値は %d\n",x) ;
    x ++ ;
}
```

一度も実行されない
変な while 文の例

■終わらないループ

　何回 処理 を繰り返しても、条件の 式 が成り立つときは、無限に処理を繰り返すだけで、while 文から抜け出せません。これを**無限ループ**と言います。

　無限ループを実行してしまった場合は Ctrl + C キーで強制終了してください。

```
x = 0 ;
while( x < 5 ){
    printf("x の値は %d\n",x) ;
}
```

永久に終わらない
変な while 文の例

意図的に用いる無限ループについては 参照 第 6 章

例 5-2 while 文：複利計算

```
#include <stdio.h>

int main( void )
{
    int num = 1 ;  // まんじゅうの個数
    int time = 0 ; // 経過時間（分）

    while( num < 10000 ) {
        num *= 2 ; //1 分ごとに饅頭の数が 2 倍になる
        time ++ ;  // 時刻を 1 分進める
    }
    printf(" まんじゅうが 1 万個を超えるのは %d 分後 \n", time);
    return 0;
}
```

1 分ごとに 2 倍に分裂
する「魔法の饅頭」が、
時刻 0 のとき 1 個ある。

p163 補足
解説①参照

Q5_2 Step B

　初任給 20 万円で毎年 3.5％ずつ賃上げされる会社に 22 歳で就職する。月給が 50 万円を越えるのは何歳のときか（毎年の給料も表示すると良い）。

　注意 double 型だと 1 円未満も計算してしまうが、それでも良いこととする。

解答例 p.130

5.2　do ～ while 文（後判定反復）

　while 文は、前判定反復（ 処理 を実行前に条件 式 を評価する反復）を実現する制御文でした。

　それに対して、**後判定反復**（ 処理 を実行した後に条件 式 を評価する反復）を実現するには、do ～ while 文を使います。

後判定反復

| do ～ while 文の構文 |

```
do{

    処理

} while(  式  ) ;
```

１回目は必ず 処理 を実行し

２回目からは
　 式 が成り立っている間
　　 処理 を繰り返す

do ～ while 文では、while 文と違い、はじめの１回は必ず 処理 が実行されます。

```
int x ;

x = 0 ;
do{
    printf("x の値は %d\n",x) ;
    x ++ ;
}while( x < 5 ) ;
```

例えば、ここで、初期値を
x = 6 ; としても do ～ while 文の
処理 は、１回は実行される。

Q5_3　Step B

　まず無条件に「起きろ～」と表示し、「1.起きた　2.まだ眠い　3.熟睡中」のうち「1.起きた」と答えるまでは何度でも繰り返すプログラムを作れ。

解答例 p.131

5.3 for 文（回数指定反復）

例えば、ある処理を 100 回繰り返したいというように、回数を指定して反復処理（**回数指定反復**）をしたいとき、while 文でも書けますが、もっと便利な制御文に for 文があります。

for 文の構文は次のとおりです。

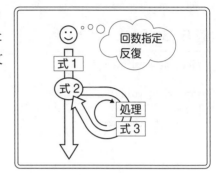

for 文の構文

```
for( 式1 ; 式2 ; 式3 ){

     処理

}
```

はじめに 1 回だけ 式1 を実行し 式2 が成り立っている間は、 処理 と、その後の 式3 の実行を繰り返す。

回数指定反復を while 文で書くと

```
int i ;

i = 0 ;
while( i < 5 ){
    printf("%d 回目 \n",i+1) ;
    i ++ ;
}
```

5 回反復

同じ処理を for 文で書くと

```
int i ;

for( i = 0 ; i < 5 ; i ++ ){
    printf("%d 回目 \n",i+1) ;
}
```

5 回反復

同じ

例えば「5 回繰り返す」場合、for(i = 0 ; i < 5 ; i++) と書きます。

1 から 5 まで数える感覚で for(i = 1 ; i <= 5 ; i ++) とする方が、初心者にはわかりやすいかもしれないし、こう書いても正しいのですが、後々のことを考えると、C 言語では、0（ゼロ）から数えるやり方に慣れた方がよいでしょう。

Q5_4 Step B

初任給 20 万円で毎年 3.5％ずつ賃上げされる会社に就職する。入社年から勤続 30 年目まで、各年の月給はそれぞれいくらか。　　参照 **Q5_2**

解答例 p.131

Q5_5 `Step C`

　1 分ごとに倍に分裂する「魔法の饅頭」が時刻 0 のとき 1 個ある。30 分後に饅頭は何個になるか（int 型で何分後まで計算できる？できなくなる理由は？）。 `参照` **例 5-2**

例 5-3　for 文：合計を求める

```
#include <stdio.h>

int main ( void )
{
    int price, sum = 0 ;
    int i ;

    for( i = 0 ; i < 3 ; i ++ ){
        printf("%d 個目の商品の金額：",i+1) ;
        scanf("%d",&price) ;
        sum += price ;
    }
    printf(" 合計 %d 円です。\n",sum) ;
    return 0 ;
}
```

> 1 個目の商品の金額：108
> 2 個目の商品の金額：510
> 3 個目の商品の金額：125
> 合計 743 円です。

Q5_6 `Step B`

　人数を入力させ、各人の年齢を人数分順に受け付け、年齢の平均値を表示せよ。
解答例 p.132

例 5-4　for 文：条件にあう場合の数を数える

```
#include <stdio.h>

int main ( void )
{
    int kazu , count = 0 ;

    for( kazu = 1 ; kazu <= 1000 ; kazu ++ ){
        if( kazu%5==0 || kazu%7==3  ){
            count ++ ;
        }
    }
    printf("1 から 1000 のうち 5 で割り切れるか 7 で割ると 3 余る数は %d 個 \n",count) ;
    return 0 ;
}
```

> 1 から 1000 のうち 5 で割り切れるか 7 で割ると 3 余る数は 314 個

Q5_7 `Step B`

　正の整数を入力させ、その数の約数を順に表示し、約数の個数を表示せよ。
解答例 p.132

第6章 制御構造 (3) 発展と応用

- ●「式の値」を理解し、「無限ループ」の書き方・使い方を学びます。
- ●「補助制御文」を学びます。
- ●第 4、5、6 章のまとめを行い、3 つの制御構造について理解します。
- ●「反復」構造を入れ子にした「多重ループ」を学びます。

6.1 無限ループと補助制御文

無限ループの話の前に、「式の値」について説明します。

●式の値

C 言語では、変数だけでなく式にも値があります。これまで、if 文や while 文などで条件判断に用いる条件式で、「式が成り立つ」とか「成り立たない」という言い方をしましたが、正確には「式の値」が「真 (TRUE) である」とか「偽 (FALSE) である」と言うべきなのです。そして、「値が偽 (FALSE)」というのと「値が 0 (ゼロ)」というのは同じ意味なのです。「式の値が 0 以外」のときは「値は真 (TRUE)」となり、条件式が「成り立つ」と判断されます。

| 0 (ゼロ) は FALSE | | ゼロ以外は TRUE |

| 要点 | ■式の値と条件式 |

式の値	式の値の意味	条件式の成否
0	偽 (FALSE)	成り立たない
0 以外	真 (TRUE)	成り立つ

例えば、x>3 とか x==5 のように比較を行う式の値は、比較した結果によって、真 (TRUE) か偽 (FALSE) かのどちらかになっています。　　　　　　　　　　　| == は比較 |

また、x=5 のような代入式では、式の値は、値代入後の左辺の値と同じと決められています。例えば、式 x=5 の値は、x の値と同じ 5 となります。　　　　　　| = は代入 |

たねあかし ＜ if(x=1) などの動作＞

例えば、if(x==3) と書くべきところを、間違えて if(x=3) と書いてしまうと、x に 3 が代入されてしまい、式 x=3 の値は 3 となって、0 以外 (TRUE) のため、この if 文の条件式は常に成り立つことになります。同様に、if(x==0) と書くべきところを if(x=0) と間違えると、式の値が常に 0 (FALSE) となり、この条件式は絶対に成り立ちません。このような間違いは、C 言語では文法エラーにならず実行もできてしまうので注意が必要です。

| 参照 | 第 4 章＜論理エラー＞

式の値を理解したら、条件式の代わりに変数の値で判定する例を示します。

● 反復構造の条件式の代わりに変数の値で評価

次の、**例 6-1** と、**例 6-2** は、どちらも 5 回処理を繰り返す反復処理です。

例 6-1　while 文による回数指定反復：その 1

```
#include <stdio.h>

int main ( void )
{
    int i ;            条件式

    i = 0 ;
    while( i<5 ){
        printf("%d\n",i) ;
        i++ ;
    }
    return 0 ;
}
```

for 文を使って
```
for( i=0 ; i<5 ; i++ ){
    printf("%d\n",i) ;
}
```
と書いても同じです。

```
0
1
2
3
4
```

どちらも
5 回反復

例 6-2　while 文による回数指定反復：その 2

```
#include <stdio.h>

int main ( void )
{
    int i ;            変数

    i = 5 ;
    while( i-- ){
        printf("%d\n",i) ;
    }
    return 0 ;
}
```

while 文は、while（ 式 ）の 式 の値が
0（ゼロ）になるまで 処理 を繰り返す。

0（ゼロ）は FALSE

0（ゼロ）以外は TRUE

x-- は、評価してから減らす

```
4
3
2
1
0
```

●無限ループと break 文による脱出

Q6_1 Step A

次のプログラムを実行するとどうなるか。予想してから実行せよ。 参照 例6-2

```
#include <stdio.h>

int main ( void )
{
    while( 1 ){
        printf(" たすけてくれ～！！") ;
    }
}
```

もしパニックになったら CTRL + C でプログラムを強制終了してください。

return 0 ; は不要

解説 意図的に無限ループを用いる場合は、if文などの分岐（選択）処理を使って脱出条件を記述してループから脱出するようにします。 参照 例6-3

例6-3 無限ループからの脱出

```
#include <stdio.h>

int main ( void )
{
    int ans ;

    while( 1 ){
        printf(" たすけてくれ～！！ \n") ;
        printf("[1] すぐ助ける  [2] あとで：") ;
        scanf("%d",&ans) ;
        if( ans == 1 ){
            break ;
        }
    }
    printf(" たすかった～ \n") ;
    return 0 ;
}
```

無限ループ

```
たすけてくれ～！！
[1] すぐ助ける   [2] あとで：2
たすけてくれ～！！
[1] すぐ助ける   [2] あとで：1
たすかった～
```

break 文が実行されると while 文の { } から抜ける

解説 break 文は、反復構造を抜ける働きをします。

ゼロ以外は TRUE | while(1) は無限ループ | break は反復を抜ける

Q6_2 Step B

「無限目覚まし」Q5_3 と同じプログラムを、無限ループを使って書け。
解答例 p.133

41

● 無限ループを表す while(1) と for(;;)

無限ループは while(1) と書くほかに、for 文で書くこともできます。

for 文では、for(式1 ; 式2 ; 式3)の 式1 や 式2 や 式3 を空にする（何も書かない）ことができ、反復条件を表す 式2 を空にしたとき、終了条件がないので無限ループとなります。for 文を無限ループにするときには 式1 や 式3 も空にする場合も多く、その場合、for(;;) となります。 for(;;) は無限ループ

無限ループを表すのに、while(1) と書いても for(;;) と書いても同じです。

● 補助制御文

基本制御構造（順次・選択・反復）の他に、補助的な役割をする制御文として、1 つは、switch 文や反復構造（while 文、do 〜 while 文、for 文）で使われる break 文がありました（ 参照 **例 6-3**）。 break は反復構造を抜ける

補助制御文には、break 文の他に、反復構造の中で使われる continue 文があります。

例 6-4　continue 文

```c
#include <stdio.h>

int main ( void )
{
    int i ;

    for( i = 0 ; i < 10 ; i ++ ){
        if( i % 2 == 0 ){
            continue ;
        }
        printf("%d ",i) ;
    }
    return 0 ;
}
```

戻るときに i++ が実行される

continue はループのはじめに戻る
continue 文が実行されると、以降のループ内の処理を実行せずに、i を 1 つ進めて次の反復回の冒頭に進む。

1 3 5 7 9

解説　continue 文はループのはじめに戻る働きをします。for 文の場合、はじめに戻る前に for(式1 ; 式2 ; 式3)の 式3 は実行されます。

Q6_3 Step A

例 6-4 を参考に、continue 文の働きを確かめよ。

ここで、第4章からここまでに学んできた「制御構造」についてまとめます。

| 要点 | ■制御構造と制御文（まとめ） |

制御構造の種類		制御文
基本制御構造	連接（順次）	特別な制御文はない。上から下へ実行
	分岐（選択）	if 文、switch 文
	反復（繰り返し）	while 文、do ～ while 文、for 文
補助制御構造	switch 文の case 部または反復構造を抜ける	break 文
	反復構造のはじめに戻って次のループ回に進む	continue 文

　プログラムで必要な処理の流れは、「連接（順次）」「分岐（選択）」「反復（繰り返し）」の3つの制御構造の組み合わせですべて表現することができます。
　次節では、反復構造を複数重ねる場合（多重ループ）の例を示します。

6.2　多重ループ

　反復構造の中に反復構造がある構造を「多重ループ」（2重ループ、3重ループなど）と言います。例題を見ていきましょう。

Q6_4 Step A

次のプログラムの実行結果を予想せよ。答えは実行して確かめよ。

```c
#include <stdio.h>

int main ( void )
{
    int i , j ;

    for( i = 0 ; i < 3 ; i ++ ){
        for( j = 0 ; j < 2 ; j ++ ){
            printf("i=%d j=%d\n",i,j) ;
        }
    }
    return 0 ;
}
```

内側のループから順に考えるとよい

結果予想

例 6-5　2 重ループ：九九の表を表示

```
#include <stdio.h>

int main( void ) // 九九を1の段から順に表示
{
    int a, b ;

    for( a = 1 ; a <= 9 ; a ++ ) {
        printf("%d の段：¥n",a) ;
        for( b = 1 ; b <= 9 ; b ++ ) {
            printf("%d × %d = %d\n",a,b,a*b) ;
        }
        printf("\n") ;
    }
    return 0 ;
}
```

```
1の段：
1 × 1 = 1
1 × 2 = 2
1 × 3 = 3

9 × 7 = 63
9 × 8 = 72
9 × 9 = 81
```

例 6-6　2 重ループ：「つるかめ算」の自動解答プログラム

```
#include <stdio.h>

int main( void ) // 鶴と亀の頭の数の合計と足の数の合計から鶴と亀の数を調べる
{
    int tsuru, kame, head, leg ; // 鶴の数，亀の数，頭の合計数，足の合計数

    printf(" 頭の数，足の数（入力例 3,10）：") ;
    scanf("%d,%d",&head,&leg) ;
    for( tsuru = 0 ; tsuru <= head ; tsuru ++ ) {
        for( kame = 0 ; kame <= head ; kame ++ ) {
            if( ( tsuru + kame == head ) && ( tsuru*2 + kame*4 == leg ) ) {
                printf(" 鶴：%d 羽、 亀：%d 匹",tsuru,kame) ;
            }
        }
    }
    return 0 ;
}
```

> 注意 答えが無いときは何も表示されません。

Q6_5 Step B

10 円・50 円・100 円の 3 種類の硬貨で合計 370 円となる組み合わせは何通りあるか。
解答例 p.133

Q6_6 Step B

100 以下の素数を列挙せよ（素数は 1 とその数以外で割り切れない 1 以外の自然数）。
解答例 p.134

もっと知りたい人へ　＜多重ループからの脱出＞

　多重ループから一気に抜け出したい場合、いくつかの方法がありますが、次の例のように、あらかじめフラグ（旗）を立てておいて、それを下ろすことで外のループも終了するようにしておくやり方も一法です。

例6-7　2重ループから途中で一気に脱出する

```c
#include <stdio.h>

int main ( void )
{
    int i, j, flag , ans ;

    i = 0 ;
    flag = 1 ;
    while( flag != 0 ){
        j = 0 ;
        while( j <= i ){
            printf(" 現在 i は %d 、j は %d です。\n",i,j) ;
            printf("  1. まだ続ける   2. もう終わる   >") ;
            scanf("%d",&ans) ;
            if( ans == 2 ){
                flag = 0 ;
                break ;
            }
            j++ ;
        }
        i++ ;
    }
    printf("2重ループを抜けました。\n") ;
    return 0 ;
}
```

flag（旗）を立てる（値を1にする）

flag（旗）が立っている(値が0でない)間、繰り返す。つまり0になれば反復を抜ける

flag（旗）を降ろす(値を0にする)

このbreakにより内側のwhile文から抜ける

```
現在 i は 0 、j は 0 です。
  1. まだ続ける   2. もう終わる   >1
現在 i は 1 、j は 0 です。
  1. まだ続ける   2. もう終わる   >2
2重ループを抜けました。
```

解説　break文は、反復構造（ループ）の中で使われると、breakが含まれている。最も内側の反復構造（while文、do-while文、for文）を1つだけ抜ける働きをします。

Q6_7 Step C

　2つの自然数を入力させ、①「最大公約数」を求める、②「最小公倍数」を求めるなどのプログラムをそれぞれ作れ。それらを比較して、反復処理を最後まで行うか途中で脱出するか、無限ループや多重ループが有効かどうかなどを考察せよ。

第**7**章　関数 (1)　関数をつくる

- ●「ユーザ定義関数」の定義・宣言・呼び出しを学びます。
- ●「ユーザ定義関数」「ライブラリ関数」「メイン関数」の特徴をまとめます。
- ●局所変数と大域変数の有効範囲を理解します。
- ● return 文の働きを理解します。

▌7.1　関数の定義・呼び出し・宣言

　printf 関数や scanf 関数のように C 言語があらかじめ用意している関数を標準**ライブラリ関数**と言います。ライブラリ関数は用意されているものを使うだけですが、これと別に、関数を作って使うことができます。これを**ユーザ定義関数**といいます。このときの「ユーザ」は C 言語を使って「プログラムを書く人」を意味します。

要点	■ユーザ定義関数の定義・呼び出し・宣言

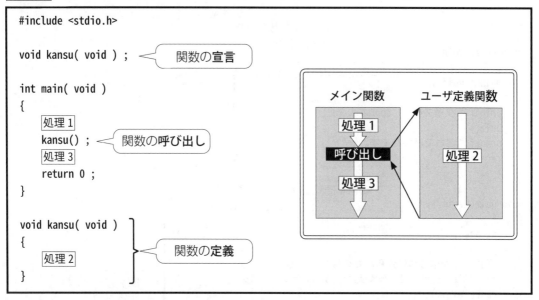

　関数名は自由につけます（上の例では kansu）。関数の処理内容は図の関数**定義**部分の 処理 2 に書きます。関数は、main 関数などから**呼び出して**使います。使う前にあらかじめ**宣言**が必要です。 処理 1 処理 2 処理 3 の順で実行されます。

例 7-1　これまでの書き方：main 関数の中に全ての処理を書いてしまう

```c
#include <stdio.h>

int main ( void )
{
    int ans ;

    printf(" クイズをはじめます！ \n") ;
    printf("C がはじめに作られたのはどこ？ \n") ;
    printf("1. 日本　　2. アメリカ　　3. フランス \n") ;
    scanf("%d",&ans) ;
    if( ans == 2 ){
        printf(" 正解です。\n") ;
    }else{
        printf(" 残念でした。\n") ;
    }
    printf(" これで終わりです。\n") ;
    return 0 ;
}
```

この部分を
関数化すると・・・

例 7-2　ユーザ定義関数の利用：実行結果は、**例 7-1** と同じ。

```c
#include <stdio.h>

void Quiz( void ) ;

int main ( void )
{
    printf(" クイズをはじめます！ \n") ;
    Quiz();
    printf(" これで終わりです。\n") ;
    return 0 ;
}

void Quiz( void )
{
    int ans ;

    printf("C がはじめに作られたのはどこ？ \n") ;
    printf("1. 日本　　2. アメリカ　　3. フランス \n") ;
    scanf("%d",&ans) ;
    if( ans == 2 ){
        printf(" 正解です。\n") ;
    }else{
        printf(" 残念でした。\n") ;
    }
}
```

必ず main 関数のはじめ
から実行される。

①

関数が
呼び出される。

③

main 関数の終わりで終了

②

関数が
実行される。

関数が終わると
呼び出し元に戻る。

Q7_1 `Step A`
　　Q4_4 で作った「3 択式クイズ」の機能を関数化し main() から呼び出して実行せよ。

　main 関数以外のユーザ定義関数から、別のユーザ定義関数を呼び出すこともできます。一度定義した関数は、何回呼び出してもかまいません。

Q7_2 `Step B`
　　Q1_6 で作った「面白い図形の表示」を関数化し、for 文を使って図形を 3 回表示せよ。
　解答例 p.134

たねあかし　＜おまじない #include <stdio.h> の意味＞

　ライブラリ関数（printf() や scanf() など）の**定義**は**ライブラリ**と呼ばれるファイルに格納されていて、コンパイル時にリンカによって自動的に実行プログラムにリンク（結合）されます。ライブラリ関数の**宣言**は、あらかじめ用意されている**ヘッダファイル**（stdio.h など）に書かれていて、インクルードする（ソースファイルの冒頭に #include<stdio.h> などと書く）ことでソースファイルの先頭で宣言したことになる（ヘッダファイルの内容がインクルードした場所に書いてあるのと同じになる）のです。stdio.h には printf () など標準入出力に関する関数が宣言されています。stdio.h というファイル名は、標準入出力（standard Input/Output）が由来で、ファイル名の拡張子 .h は "header" の "h" です。ライブラリ関数には、stdio.h 以外のヘッダファイルをインクルードして使うものもあります（例えば**例 2-4**）。

要点　■関数の種類と特徴

関数の種類	それぞれの特徴と宣言・定義	
ユーザ定義関数	自分で定義して使う関数。関数名も自分でつける。	
	宣言	呼び出す前にあらかじめ宣言する。 あらかじめ宣言
	定義	自分で考えて書く。
ライブラリ関数	C 言語にあらかじめ用意されている関数。printf() など多数。	
	宣言	stdio.h などのヘッダファイルをインクルードする。
	定義	C 言語のライブラリに入っている。 実行プログラムを作るときにリンクされる。
メイン関数	特殊な関数。main() プログラムに 1 つだけ必要。宣言は不用。 プログラムが実行されるとはじめに動く。 main 関数が終わるとプログラムが終わる。	

7.2　変数の有効範囲 ～局所変数（ローカル変数）と大域変数（グローバル変数）

Q7_3　Step A

main 関数の中、ユーザ定義関数の中、関数の外（main 関数より前）の 3 カ所で変数を宣言し、それぞれの変数の有効範囲を確かめよ。例えば次を実行。

```
#include <stdio.h>

void kansu( void ) ;

int x ;          ← 関数の外で宣言 大域変数（グローバル変数）

int main ( void )
{
    int y ;      ← 関数の中で宣言 局所変数（ローカル変数）

    x = 2 ;
    y = 2 ;
    printf("main では、はじめは、 x = %d, y = %d\n",x,y) ;
    kansu() ;
    printf("kansu() の後の main では x = %d, y = %d\n",x,y) ;
    return 0 ;
}

void kansu( void )
{
    int y ;      ← 関数の中で宣言 局所変数（ローカル変数）

    x = 5 ;
    y = 5 ;
    printf(" 関数 kansu() の中では、x = %d, y = %d\n",x,y) ;
}
```

解説　局所変数は、関数が違えば同じ名前でも別の変数（この例では、main 関数内の y と kansu 関数内の y は有効範囲が異なる別のもの）です。大域変数と局所変数の変数名が同じ場合は有効範囲が重なりますが局所変数が優先されます。

要点　■局所変数（ローカル変数）と大域変数（グローバル変数）

変数の種類	宣言の場所	有効範囲
局所変数（ローカル変数）	関数定義の中で宣言	その関数の中だけ
大域変数（グローバル変数）	関数定義の外で宣言	そのソースファイル全体

7.3 return 文と、関数の活用

return 文が関数の中で実行されると、関数の呼び出し元に戻ります。

Q7_4 Step A

次のプログラムの実行結果を予想し、return 文の働きを確かめよ。

```
#include <stdio.h>

void kansu( void ) ;

int x = 10 ;

int main( void )
{
    int i ;

    for( i = 0 ; i < 10 ; i ++ ){
        kansu() ;
        printf("%d,",x) ;
    }
    return 0 ;
}

void kansu( void )
{
    if( x < 5 ){
        x ++ ;
        return ;
    }
    x -= 3 ;
}
```

x 箱の中身はどう変る？

実行結果の予想

return 文

もともと return 文がなくても関数が終了すれば呼び出し元に戻る

要点 ■ return 文

return 文が関数の中で実行されると、関数の呼び出し元に戻る。

多重ループなどの中で実行されても一気に抜け出し、return 文以下の処理は実行されずに、関数の呼び出し元に戻ります。　return 文は関数の呼び出し元に戻る

Q7_5 Step B

素数かどうか判定する関数を作り 100 以下の素数を列挙せよ（**Q6_6** の関数利用版）（今回は判定する数と判定結果を大域変数にしてよい。第 8 章 **Q8_2** で書き直す）。

解答例 p.135

7.4　ユーザ定義関数の設計と応用

　ユーザ定義関数を作ってプログラムを分割することで、プログラムの構造をわかりやすくし、間違いが少なく再利用しやすいプログラムにします。とくに大規模なプログラムの開発では、関数を設計して、関数単位で機能を実現していきます。

　C 言語ではプログラムは関数の集まりであり、 関数を作ることがプログラミング なのです。

Q7_6 Step C

　例えば「2 人で交互に 1 〜 3 のうちの数を 1 つずつ選択して合計値をちょうど 20 にした人が勝つゲーム」のようにルールを決めて、2 人で遊べる対戦ゲームを作れ（関数を設計すること。大域変数は必要最小限にする方が良い。 参照 例 7-3）。

例 7-3　応用例：「石取りゲーム」（ユーザ定義関数による機能分割）

```
// 石取りゲーム
//    石の数を指定してスタート。2 人で交互に 1 〜 3 個ずつ石を取る。
//    最後の石を相手に取らせた方が勝ち。
#include <stdio.h>

void Opening( void ) ;
void InitStone( void ) ;
void PrintStone( void ) ;
void RemoveStone( void ) ;
void PrintCurrentPlayer( void ) ;
void ChangePlayer( void ) ;
void PrintResult( void ) ;

int NStone ;      // 石の数
int Player = 0 ; // 0: 先手 ( プレーヤー 1)、1: 後手 ( プレーヤー 2)

int main( void )
{
    Opening() ;                  // オープニングタイトル表示
    InitStone() ;                // はじめの石の数を設定
    while( 1 ){
        PrintStone() ;           // 石を表示
        PrintCurrentPlayer() ;   // 手番のプレイヤーを表示
        RemoveStone() ;          // 石の数を選んで石を取る
        if( NStone <= 0 ){       // 石がなくなった場合
            break ;
        }
        ChangePlayer() ;         // プレイヤーの手番を交代
    }
    PrintResult() ;              // ゲーム終了と勝敗結果を表示
```

どんな関数が必要か設計する。関数の宣言は、関数の呼び出しや定義の部分を完成させてから、冒頭にコピーするとよい。

大域変数（グローバル変数）は最小限にする（理由は→ 注意）。

```
        return 0 ;
}

/* オープニングタイトル表示 */
void Opening( void )
{
    printf("\n") ;
    printf(" ●　石取りゲーム \n") ;
    printf(" ●　最後の石を相手に取らせた方が勝ち \n") ;
    printf("\n") ;
}

/* はじめの石の数を設定 */
void InitStone( void )
{
    do{
        printf(" はじめの石の数：") ;
        scanf("%d",&NStone) ;
    }while( !( NStone >= 1 ) ) ;
    printf("\n") ;
}

/* 石の数だけ●を表示する */
void PrintStone( void )
{
    int i ;

    for( i = 0 ; i < NStone ; i ++ ){
        printf(" ●") ;
    }
    printf("\n") ;
}

/* 現在手番のプレイヤーを表示 */
void PrintCurrentPlayer( void )
{
    if( Player == 0 ){
        printf("[ 先手 ]") ;
    }else{
        printf("[ 後手 ]") ;
    }
    printf("( プレーヤー %d) さん、\n",Player+1) ;
}

/* 石の数を選んで石を取る */
void RemoveStone( void )
{
    int num ;      // 取り除く石の数
```

●　石取りゲーム

●　最後の石を相手に取らせた方が勝ち

はじめの石の数：8

●●●●●●●●
[先手](プレーヤー 1) さん、
石を何個とりますか？　[1～3]：3

●●●●●
[後手](プレーヤー 2) さん、
石を何個とりますか？　[1～3]：2

●●●
[先手](プレーヤー 1) さん、
石を何個とりますか？　[1～3]：2

●
[後手](プレーヤー 2) さん、
石を何個とりますか？　[1～3]：1

*** ゲームが終わりました ***
[後手](プレーヤー 2) さん、
あなたの負けです。残念でした！
[先手](プレーヤー 1) さん、
あなたの勝ちです。おめでとう！

```
    while( 1 ){
        printf(" 石を何個とりますか？  [1〜3]:") ;
        scanf("%d",&num) ;
        if( 1 <= num && num <= 3 && num <= NStone ){
            break ;
        } else {
            printf(" 入力エラー \n") ;
        }
    }
    NStone -= num ;
    printf("\n") ;
}

/* プレイヤー先手・後手の手番交代 */
void ChangePlayer( void )
{
    if( Player == 0 ){
        Player = 1 ;
    } else {
        Player = 0 ;
    }
}

/* ゲーム終了と勝ち・負けを表示 */
void PrintResult( void )
{
    printf("*** ゲームが終わりました ***\n") ;
    PrintCurrentPlayer() ;
    printf(" あなたの負けです。残念でした！ \n") ;
    ChangePlayer() ;
    PrintCurrentPlayer() ;
    printf(" あなたの勝ちです。おめでとう！ \n") ;
}
```

注意 大域変数（グローバル変数）の使用は最小限にする。不用意に大域変数を定義すると、せっかく関数に分割した効果が損なわれます。また、大域変数の変数名に i や x などのような局所変数（ローカル変数）と重複しそうな名前を使うのは、無用な混乱を招きかねないので避けるべきです。第 8 章を学ぶと、大域変数を使わなくても、関数と関数の間で値をやりとりできるようになります。

●関数の「引数」と「返却値」を学びます。
●引数や返却値のあるユーザ定義関数を作ります。
●「再帰」について学びます。
●ユーザ定義関数を自由に設計し作って使えるようにします。

8.1　関数の引数と返却値

　関数は、例えば kansu() のように関数名の後に（）を伴います。この（）の中に書く値を **引数**（ひきすう）と言い、関数の呼び出し時に引数の値を関数に渡します。

　また、関数が呼び出し元に戻るときに値を持って帰ることができ、これを **返却値**（戻り値）と呼びます。返却値は return に続けて書きます。

要点　■引数と返却値

値の授受	送り元の表現	働き	受け取り先
引数	関数名 (引数)	関数呼び出し時に関数に値を渡す	仮引数
返却値	return 返却値 ;	関数から呼び出し元に値を返す	関数の値に

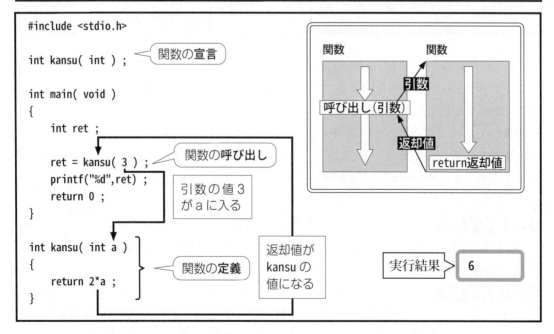

```
#include <stdio.h>

int kansu( int ) ;          関数の宣言

int main( void )
{
    int ret ;

    ret = kansu( 3 ) ;       関数の呼び出し
    printf("%d",ret) ;
    return 0 ;               引数の値3
}                            がaに入る

int kansu( int a )
{                            返却値が
    return 2*a ;             kansu の    関数の定義
}                            値になる
```

関数　　　　　関数

呼び出し(引数)　　引数

返却値

return返却値

実行結果　　6

要点　■引数と返却値がある関数の呼び出し・定義・宣言

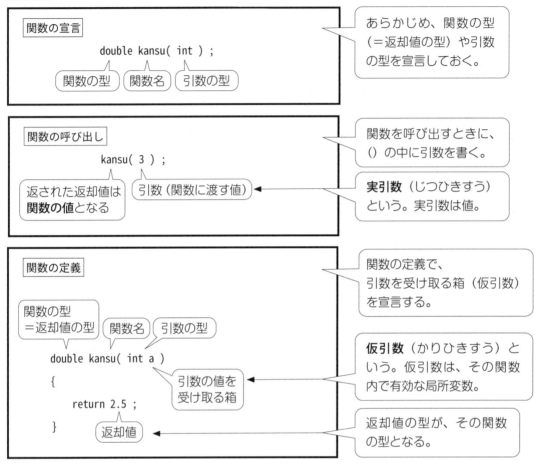

関数の宣言

```
double kansu( int ) ;
```
関数の型　関数名　引数の型

あらかじめ、関数の型（＝返却値の型）や引数の型を宣言しておく。

関数の呼び出し

```
kansu( 3 ) ;
```
返された返却値は**関数の値**となる　引数（関数に渡す値）

関数を呼び出すときに、() の中に引数を書く。

実引数（じつひきすう）という。実引数は値。

関数の定義

関数の型＝返却値の型　関数名　引数の型

```
double kansu( int a )
{
    return 2.5 ;
}
```
引数の値を受け取る箱
返却値

関数の定義で、引数を受け取る箱（仮引数）を宣言する。

仮引数（かりひきすう）という。仮引数は、その関数内で有効な局所変数。

返却値の型が、その関数の型となる。

　関数の 宣言 は、呼び出しより前に記述する必要がありますが、作成順としては定義を記述してから上部にコピーすればよく、上の例では double kansu(int a) ; のように、引数の変数名 a を宣言にコピーしたまま定義同様に残しておいてもよい。

　関数の 呼び出し の引数や、定義 中の return の返却値は、上の例のように値を直接書く他に、値入りの変数名や式などでもよい。例えば、上の例では int x=2; のとき kansu(x+3); のような呼び出しや、return (double)x+1.5; という返却が可能です。

Q8_1 Step A
「整数値を渡すと 2 で割った実数値を返す関数」を作って機能を確かめよ。

Q8_2 Step B
　「自然数を渡すと素数なら 1（TRUE）、素数でないなら 0（FALSE）を返す関数」を作って、100 以下の素数を列挙せよ（**Q7_5** を大域変数を使わずに書き直す問題）。
　解答例 p.135

　返却値は1つだけですが、引数は複数あってもかまいません。引数と引数の間は,（カンマ）で区切って列挙します。関数の定義では、複数の引数に順にそれぞれ型と仮引数名を書きます。例えば、引数が整数2つの場合は、次の通りです。

| 宣言 | double kansu(int x, int y) ;　←宣言では引数の変数名 x y 省略可 |

呼び出し　kansu(2, 5) ;

定義

```
double kansu( int x, int y )
{
    ・・・
    return 3.18;
}
```

型が異なる引数の場合は kansu(double x, int y, char z) ; などとなります。

Q8_3 Step B

　「身長と体重を引数で受け取り BMI 値を返す関数」と「BMI 値を受け取り、肥満度を判定して、低体重なら -1、普通体重なら 0、肥満（1度）なら1、肥満（2度）なら2、肥満（3度）なら3、肥満（4度）なら4を返す関数」を作り、身長と体重から肥満度とアドバイスを表示するプログラムを作れ。

　参照 BMI の算出や肥満度の判定は Q4_6 参照。

解答例 p.136

たねあかし　＜おまじない void の意味＞

　void は「～がない」という意味です。void は、int や char と同じように型宣言子として使います。関数の返却値がない（値を返さない）場合に関数の型を void と書きます。引数をもたない関数の場合にもそれを明示するために void と書きます。

| 要 点 | ■ void 型 |

型宣言子	意味	使用例
void	（返却値や引数が）ない	void func(int)　int main(void)

たねあかし　＜ main 関数の中の return 0 ;＞

　main 関数は、int main() と書くように、返却値が int 型の関数で、return 0; のように、main 関数の呼び出し元（つまりプログラムの呼び出し元）に 0（ゼロ）などの値を返します。呼び出し元は、OS や開発環境などであり、実行環境によります。返却値の 0（ゼロ）は一般にプログラムが正常終了したことを意味します。

Q8_4 [Step C]

1人で遊べる「数当てゲーム」を設計して作れ。適切に関数を設計すること。

「数当てゲーム」設計の例（もちろん、このとおりである必要はありません）。

> ●数の上限値と下限値と正解値の3つをグローバル変数にする。
> ●次のような3つの関数を定義し、これらを使う。
> void SetParam(void)
> 　上限値と下限値の初期値と正解値をセットする（変数に値を代入する）。
> int GetValue(void)
> 　上限・下限値を示しプレーヤからの整数値の入力を受け付けて入力値を返す。
> int Check(int)
> 　引数として与えられた整数値が正解ならば 1(TRUE) を返す。そうでない場合、正解値
> 　より大きいか小さいかを表示し、上限値または下限値を更新し、0(FALSE) を返す。
> ●下限を1、上限を100とし、10回以内で正解しなかったらゲームオーバーとする。
> ●正解した場合は、それまでに要した解答回数を表示してゲームを終了する。

例 8-1　「数当てゲーム」の例

```c
#include <stdio.h>
#include <stdlib.h>
#include <time.h>

void SetParam( void ) ; // 数の最大値、最小値、正解を設定
int  GetValue( void ) ; // 答えの入力を受け付け、入力された値を返す
int  Check( int ans ) ; // 答えをチェックし、正解なら1、不正解なら0を返す

int saidai , saisyou , seikai ; // 数の最大値、最小値、正解

/* 数当てゲーム */
int main( void )
{
    int kotae ;
    int count ;

    printf(" 数当てゲーム！ \n") ;
    srand(time(NULL)) ; // 乱数の初期化
    SetParam() ;
    for( count = 1 ; count <= 10 ; count ++ ){
        kotae = GetValue() ;
        if( Check( kotae ) ){
            break ;
        }
    }
    if( count > 10 ){
```

```
            printf(" ゲームオーバー。残念でした。\n") ;
        }else{
            printf("%d 回目で正解しました。おめでとう。\n",count) ;
        }
        return 0 ;
    }

    /* 数の最大値、最小値、正解を設定 */
    void SetParam( void )
    {
        saisyou = 1 ;
        saidai = 100 ;
        seikai = 1+rand()%100 ;
    }

    /* 答えの入力を受け付け、入力された値を返す */
    int GetValue( void )
    {
        int num ;

        do{
            printf("%d から %d までの整数を選んでね：",saisyou,saidai) ;
            scanf("%d",&num) ;
        }while( num < saisyou || num > saidai ) ;
        return num ;
    }

    /* 答えをチェックし、正解なら1、不正解なら0を返す */
    int Check( int ans )
    {
        if( ans == seikai ){
            printf(" 正解！") ;
            return 1 ; //True
        }
        if( ans > seikai ){
            printf(" 大きすぎます。\n") ;
            saidai = ans - 1 ;
        }else{
            printf(" 小さすぎます。\n") ;
            saisyou = ans + 1 ;
        }
        return 0 ; //False
    }
```

下限と上限の初期値は、入力で設定できるようにしてもよいかも。

1〜100 の間の乱数。正解は毎回異なる。第2章 **Q2_6** を参照。

8.2　再帰

関数の中で同じ関数を使う（自分自身を呼び出す）ことを**再帰**（さいき）と言います。

Q8_5　Step A

次の２つのプログラムの実行結果をそれぞれ予想せよ

```c
#include <stdio.h>

void PrintNum( int n ) ;

int main( void )
{
    PrintNum( 5 ) ;
    return 0 ;
}

void PrintNum( int n )
{
    if( n < 1 ){
        return ;
    }
    printf("%d ",n) ;
    PrintNum( n-1 ) ;
}
```

```c
#include <stdio.h>

void PrintNum( int n ) ;

int main( void )
{
    PrintNum( 5 ) ;
    return 0 ;
}

void PrintNum( int n )
{
    if( n < 1 ){
        return ;
    }
    PrintNum( n-1 ) ;
    printf("%d ",n) ;
}
```

ここが違う

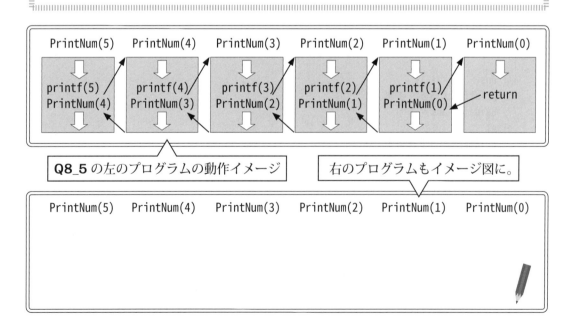

Q8_5 の左のプログラムの動作イメージ　　　右のプログラムもイメージ図に。

例 8-2 再帰による複利計算

```
#include <stdio.h>

double Kyuryo( int n ) ; // n年目の給料
double syoninkyu = 20.0 , syokyu = 3.5 ; // 初任給（万円），昇給率（%）

int main( void )
{
    printf("10年目の給料は、%.4lf 万円 \n",Kyuryo( 10 )) ;
    return 0 ;
}

double Kyuryo( int n )
{
    if( n == 1 ){
        return syoninkyu ;
    }
    return ( (1.0+syokyu/100.0) * Kyuryo(n-1) ) ;
}
```

> 10年目の給料は、27.2579万円

> 再帰呼び出しによって、同じ関数にもぐっていく。再帰に使う関数は、無限にもぐることなく、どこかで帰ってくるようにしておく必要がある。

> 動作を理解するために、図を描け

Q8_6 Step B

再帰を使って n!（n の階乗）の値を求めよ。　ヒント n! は n(n-1)!，0! は 1

解答例 p.137

例 8-3 2進数表示（再帰を利用した方法）　参照 例 0-2, 例 3-1

```
#include <stdio.h>

void DispBin(int n) ; // 正の整数nを2進数表示する

int main( void )
{
    int num ;

    printf(" 正の整数：") ;
    scanf("%d",&num) ;
    DispBin(num) ;
    return 0 ;
}

void DispBin(int n)
{
    if(n==0) return ;
    DispBin(n/2) ;
    printf("%d",n%2) ;
}
```

> 正の整数：12
> 1100

> n/2 は、2で割った商の整数部。n%2 は、2で割った余り。理解するために、図を描け

第9章　配列

- ●「配列」の宣言と利用法を学びます。
- ●配列の初期化について学びます。
- ●配列を引数とする関数を理解します。
- ●「多次元配列」を理解し、応用的プログラムを作成します。

9.1　配列の宣言と利用

例 9-1（配列の宣言と利用）

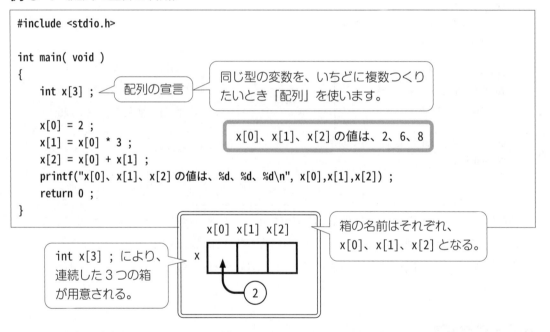

```
#include <stdio.h>

int main( void )
{
    int x[3] ;          配列の宣言      同じ型の変数を、いちどに複数つくり
                                        たいとき「配列」を使います。

    x[0] = 2 ;                       x[0]、x[1]、x[2] の値は、2、6、8
    x[1] = x[0] * 3 ;
    x[2] = x[0] + x[1] ;
    printf("x[0]、x[1]、x[2] の値は、%d、%d、%d\n", x[0],x[1],x[2]) ;
    return 0 ;
}
```

int x[3] ; により、連続した3つの箱が用意される。

x[0] x[1] x[2]

箱の名前はそれぞれ、x[0]、x[1]、x[2] となる。

注意　配列の要素数を n にした場合、使える配列変数の添え字は 0 〜 n-1 です。n 番目は使えません。例えば、int x[10]; と宣言した場合、x[0] から x[9] までが利用可能で、x[10] は利用できません。

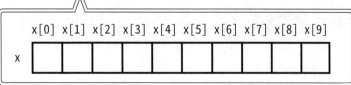

Q9_1 Step A

要素数が 5 つの double 型の配列を宣言し、値を入れて表示せよ。

ヒント 例えば double x[5]; の 3 番目の要素 x[2] へ値を入れるのに、x[2]=3.5; のように値を代入してもよいし、scanf() を使って scanf("%lf",&x[2]); のように入力値を入れてもよい。

例 9-2 合計を求める（配列を使って入力と処理を分割） 参照 第 5 章 **例 5-3**

```c
#include <stdio.h>

int main ( void )
{
    int price[3], sum ;
    int i ;

    for( i = 0 ; i < 3 ; i ++ ){
        printf("%d 個目の商品の金額：",i+1) ;
        scanf("%d",&price[i]) ;     ← 入力
    }
    sum = 0 ;
    for( i = 0 ; i < 3 ; i ++ ){
        sum += price[i] ;           ← 処理
    }
    printf(" 合計 %d 円です。\n",sum) ;
    return 0 ;
}
```

price price[0] price[1] price[2]

```
1 個目の商品の金額：108
2 個目の商品の金額：510
3 個目の商品の金額：125
合計 743 円です。
```

解説 上の**例 9-2** の場合は**例 5-3** 同様に値の入力を受け付ける度に sum に足していくこともできるが、**例 9-2** のほうが、配列に保持した複数の値をあとで利用できるので、入力と処理（この例では合計を求める）を分割できる。機能ごとに分割した方がわかりやすい。

Q9_2 Step B

5 つの整数の入力を順に受け付け、受け付けたのとは逆の順に表示せよ。

解答例 p.138

Q9_3 Step B

身長の値に 0 が入力されるまで、100 人以下なら何人でも身長の値を受け付け、その平均を求めよ。

解答例 p.138

9.2 配列の初期化

配列の初期化（はじめに値を入れておくこと）は、次のように書きます。

例 9-3 配列の初期化

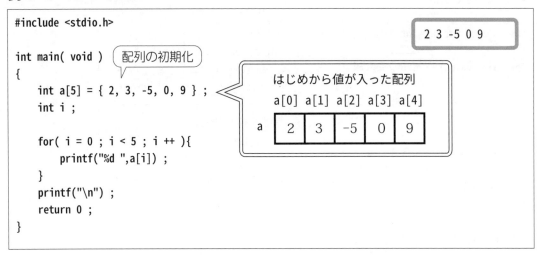

```
#include <stdio.h>

int main( void )
{
    int a[5] = { 2, 3, -5, 0, 9 } ;
    int i ;

    for( i = 0 ; i < 5 ; i ++ ){
        printf("%d ",a[i]) ;
    }
    printf("\n") ;
    return 0 ;
}
```

初期値が要素数より少ないと、先頭から順に値が入り残りは自動で0になります。

また、配列の宣言と同時に初期化する場合に限り、配列の要素数を省略できます。その場合、配列の要素数は、自動的に初期値の数と同じになります。

```
int a[] = { 2, 1, 4 } ;
```

	a[0]	a[1]	a[2]
a	2	1	4

Q9_4 Step B

Q9_3 を、何人かの身長データをはじめから初期値として与えておくよう改造せよ。
解答例 p.139

Q9_5 Step B

10種ある多数の商品から同確率で必ず1つ当たるガチャで、何回で全種集まるか。
解答例 p.140

9.3　配列を引数とする関数

例 9-4　配列を引数とする関数

```
#include <stdio.h>

int saidai( int no, int data[] ) ;          関数の宣言
                                             int saidai( int, int [] ) ;
int main( void )    配列の要素数              と書いてもよい。
{
    int x[5] = { 3, 7, 8, -2, 1 } ;
    int max ;                                関数の呼び出し
                                                 saidai( 5 , x ) ;
    max = saidai( 5 , x ) ;                  呼び出しのとき、
    printf(" 最大値は %d\n",max) ;           配列の引数は配列名のみで表す。
    return 0 ;
}

int saidai( int no, int data[] )
{
    int i , max ;
                                             関数の定義
    max = data[0] ;
    for( i = 1 ; i < no ; i ++ ){            仮引数には配列の添え字（要素数）
        if( data[i] > max ){                 は指定しなくてよい。
            max = data[i] ;
        }
    }
    return max ;                             最大値は 8
}
```

Q9_6 `Step B`

　配列に 10 件のデータを入れておき、「配列を引数で受け取ってデータの平均値を返す関数」を作って平均値を表示せよ。同様に配列で受け取って「最大値を返す関数」と「最小値を返す関数」を追加し、データの最大値・最小値も表示せよ。

解答例 p.141

もっと知りたい人へ　＜ 配列の引数の不思議 ＞

　配列を引数とする関数で、受け取った配列の中身の値を書き換えると、呼び出し元に戻っても値が変更されています。これは第 8 章での「関数の仮引数は関数内の局所変数」という説明と矛盾します。理由は第 12 章の たねあかし で説明します。

9.4 多次元配列

2次元配列は、例えば int x[2][3] ; のように宣言します。この場合、「要素数3の配列が2つある」のようにイメージし、「3部屋並びの2階建て（ただし最上階が0階、その下が1階)」のようなイメージ図を書くとよいでしょう。

● 2次元配列の宣言

```
int x[2][3] ;
```

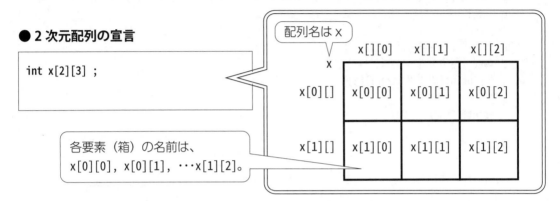

配列名は x

各要素（箱）の名前は、
x[0][0], x[0][1], ···x[1][2]。

配列の要素（x[0][1] など1つの箱）を、ふつうの変数のように使います。

値の代入は x[0][2] = 5 ;　scanf 関数では&をつけて scanf("%d",&x[0][2]) ;
格納した値の参照は y = x[0][2] ; などと書く。

● 2次元配列の初期化

```
int x[2][3] = { {2,4,6} , {1,3,5} } ;
```

まず後の添え字に着目して「要素数3の配列が2つある」とイメージする（右図）。

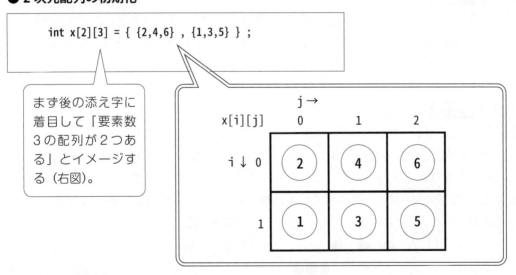

Q9_7 Step A

次の**例9-5**の実行結果を予測せよ。

例9-5　2次元配列

```
#include <stdio.h>

int main( void )
{
    int kazu[3][4] = { { 1, 2, 3, 4 } , { 2, 4, 6, 8 } , { 1, 3, 5, 7 } } ;
    int i , j ;

    for( i = 0 ; i < 3 ; i ++ ){
        for( j = 0 ; j < 4 ; j ++ ){
            printf("%2d",kazu[i][j]) ;
        }
        printf("\n") ;
    }
    return 0 ;
}
```

2次元配列の初期化

printf 関数で %d を %2d とすると、常に2文字分のスペースで（1文字のときは右詰めで）表示される。

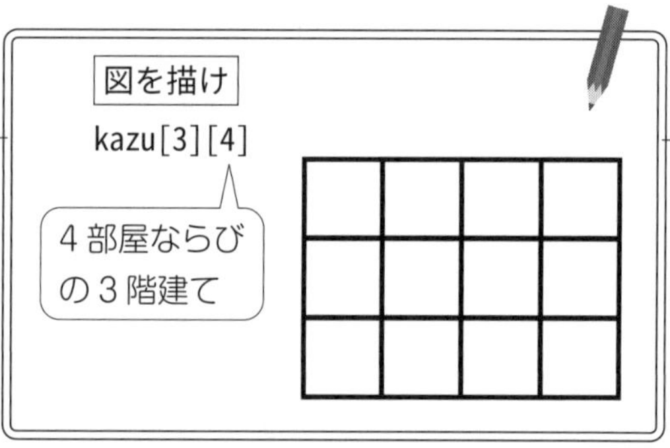

図を描け

kazu[3][4]

4部屋ならびの3階建て

Q9_8　Step B

　5人の学生の数学と英語と国語の成績（100点満点）を5×3の2次元配列に格納して、「点数表と、各人の平均点と各科目の平均点を表示するプログラム」を作れ。

解答例 p.142

Q9_9　Step C

【応用】1人で遊ぶ「おしどりゲーム」を作れ。ゲームのルールは次のとおり。

　8つのマスに、白黒の碁石が3つずつ、はじめは下の図aのように並んでいる。これを、となりあう2つの石を（おしどりのように）セットで、空いているマスに動かすことで、下の図bのゴールのように並べ替える。なるべく少ない回数の移動で、ゴールを目指す。なお、このゲームには最短4手の解答がある。

　　　図a　はじめ：●○●○●○・・　　　（・は空のマス）
　　　図b　ゴール：・・○○○●●●

参照 例9-6

例 9-6 「おしどりゲーム」の例

```c
#include <stdio.h>

void Title( void ) ;
void Disp( int array[] ) ;
void Move( void ) ;
int Check( void ) ;

int Stone[8] = { 1,2,1,2,1,2,0,0 } ; // 石の並び  1:● 2:○  0:空のマス
int Goal[8]  = { 0,0,2,2,2,1,1,1 } ; // ゴールとして目指す石の並び

int main( void )
{
    int count = 0 ;

    Title() ;
    while( 1 ){
        Disp( Stone ) ;
        if( Check() == 1 ){
            printf("完成！\n") ;
            break ;
        }
        if( count >= 10 ){
            printf("ゲームオーバー \n") ;
            break ;
        }
        count ++ ;
        printf(" (%d 手目) \n",count) ;
        Move() ;
    }
    if( count > 4 ){
        printf("残念ですが %d 手は多すぎます。\n",count) ;
    }else{
        printf("おめでとう！　最短手です。\n") ;
    }
    return 0 ;
}

/* タイトルとルールの表示 */
void Title( void )
{
    printf("========= おしどりゲーム =========\n") ;
    printf("となりあう碁石を 2 つセットで動かして、\n") ;
    printf("次のように並べ替えてください。\n") ;
    Disp( Goal ) ;
```

```c
        printf(" それでは、スタートです。\n") ;
        printf("==================================\n") ;
}

/* 碁石の並びを表示 */
void Disp( int array[] )
{
    int i ;

    printf("\n") ;
    for( i = 0 ; i < 8 ; i ++ ){
        printf("%d ",i+1) ;
    }
    printf("\n") ;
    for( i = 0 ; i < 8 ; i ++ ){
        switch( array[i] ){
          case 0 : printf("・") ; break ;
          case 1 : printf(" ● ") ; break ;
          case 2 : printf(" ○ ") ; break ;
        }
    }
    printf("\n\n") ;
}

/* 石を動かす */
void Move( void )
{
    int num , i ;

    while( 1 ){
        printf(" 動かす 2 つの石のうち左の石の番号：") ;
        scanf("%d",&num) ;
        if( !( 1 <= num && num <= 7 )
            || Stone[num-1] == 0
            || Stone[num] == 0 ){
            printf(" 入力エラー \n") ;
        }else{
            break ;

        }
    }
    for( i = 0 ; i < 7 ; i ++ ){
        if( Stone[i] == 0 ){
            Stone[i] = Stone[num-1] ;
            Stone[i+1] = Stone[num] ;
            break ;
```

```
        }
    }
    Stone[num-1] = Stone[num] = 0 ;
}

/* 石の並びを調べる。返却値は、0: 未完成 1: 完成 */
int Check( void )
{
    int i ;

    for( i = 0 ; i < 8 ; i ++ ){
        if( Stone[i] != Goal[i] ){
            return 0 ;   // 未完成
        }
    }
    return 1 ;              // 完成（Stone が Goal と同じ状態）
}
```

例 9-7　100 までの素数を表示（配列を利用）：有名な「エラトステネスのふるい」

```
#include <stdio.h>
```

「素数」とは、1 とその数以外で割り切れない自然数。
ただし、1 は素数に入れない。 参照 Q0_1 Q6_6 Q7_5 Q8_2

```
int main( void )
{
    int isprime[101] ; // フラグ：添字の数 0 ～ 100 が素数候補なら 1、素数でないなら 0
    int i, j ; //i が素数か調べる。素数の j 倍の数を順に候補からふるい落とす。

    for(i=0; i<=100; i++){     // まず、0 ～ 100 の全ての整数を、
        isprime[i] = 1 ;       //   素数の候補とする。
    }
    isprime[1] = isprime[0] = 0 ; // 整数 0 と 1 は素数ではない。
    for(i=2; i<10; i++){              //i*j<=100 の範囲なので i<=10 で十分
        if(isprime[i] == 1){          //i が素数のとき、
            for(j=i; i*j<=100; j++){  //i 以上の j について順に、
                isprime[i*j] = 0 ;    //   i の j 倍の数を素数候補から外す。
            }
        }
    }
    for(i=0; i<=100; i++){     //0 ～ 100 の整数のうち、
        if(isprime[i] == 1){   //   素数候補のまま残っている数が素数。
            printf("%d, ",i) ;
        }
    }
    return 0 ;
}
```

2, 3, 5, 7, 11, 13, 17, 19, 23, 29, 31, 37, 41, 43, 47, 53, 59, 61, 67, 71, 73, 79, 83, 89, 97,

● 「文字列」は文字の配列としてあつかうことを学びます。
● 日本語の文字のあつかい方を理解します。
● 文字列の代入、文字列の初期化、文字列の比較について学びます。
● 文字列のあつかいを含むプログラムを設計して作ります。

10.1　文字列は文字の配列

例 10-1　文字型の変数と値

```
#include <stdio.h>

int main( void )
{
    char moji ;

    printf(" 文字（半角1文字）を入力してください：") ;
    scanf("%c",&moji) ;
    printf(" あなたが入力した文字は「%c」ですね。\n",moji) ;
    return 0 ;
}
```

文字型の変数（英・数字・記号の1文字を値とする変数）は char と宣言する。　参照　第2章

scanf 関数では & をつける

文字型の指定は %c

　英・数字・記号（1バイト文字）が並んだものや、日本語の文字（多バイト文字）は**文字列**としてあつかいます。C には、文字列を表すデータ型はなく、文字列を使うには、文字型の配列を使います。

文字列は文字の配列

例 10-2　文字列をあつかうための「文字型の配列」

```
#include <stdio.h>

int main( void )
{
    char mojiretsu[11] ;

    printf(" 文字列（半角10字以内）を入力してください：") ;
    scanf("%s", mojiretsu) ;
    printf(" あなたが入力した文字列は「%s」ですね。\n", mojiretsu) ;
    return 0 ;
}
```

文字列

注意 10文字までの文字列を格納するためには、要素数が最低11個の配列が必要

& はつけない

%c ではなく、%s

要点　■文字列

■文字列は文字の配列であつかう。　文字列は文字の配列

%s の s は string（文字列）の s

■ scanf 関数や printf 関数の書式では、文字列を %s で指定。

■ scanf 関数で値を格納する変数が文字列の場合、変数名の前の & は不要。

　文字列では & は不要（つけると間違い）。　参照　& の意味と不要の理由は第12章。

■英数字 n 文字の文字列を格納するためには n+1 個以上の配列要素が必要。

　例えば、文字列の文字数が 10 文字のとき、配列の要素は最低でも 11 個必要。追加の 1 文字分は終端の '\0' の分（下図参照）。

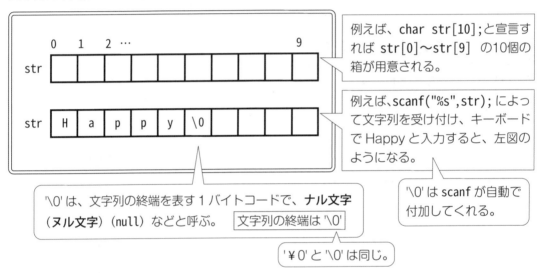

例えば、char str[10]; と宣言すれば str[0]〜str[9] の10個の箱が用意される。

例えば、scanf("%s",str); によって文字列を受け付け、キーボードで Happy と入力すると、左図のようになる。

'\0' は、文字列の終端を表す 1 バイトコードで、**ナル文字**（ヌル文字）（null）などと呼ぶ。　文字列の終端は '\0'

'\0' は scanf が自動で付加してくれる。

'¥0' と '\0' は同じ。

要点　■文字列のサイズと**ナル文字**（'\0' または '¥0'）

■文字列の終端は '\0'（ナル文字またはヌル文字）　　　文字列の終端は '\0'

　文字列を格納する配列を宣言する場合には、文字列の終端を表す '\0'（ナル文字）の分まで含めて充分な数の箱を用意しておく必要があります。宣言して確保した領域を越えて文字列を代入したりすると、動作が保証されないだけでなく、別の目的で利用されている領域を壊す可能性もあり、危険です。

　なお、全角日本語文字（「あ」「漢」など）のような多バイト文字では、1 文字で 2 バイト（char 型の 2 文字分）以上のサイズが必要なので、たとえ 1 文字でも文字列として文字配列であつかい、ナル文字の分まで配列要素が必要です。

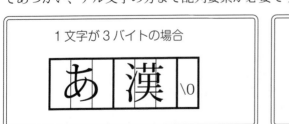

１文字が３バイトの場合

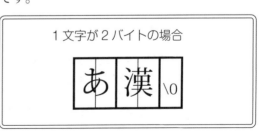

１文字が２バイトの場合

●文字コードとデータサイズ

　英・数・記号を表す ASCII コードのデータサイズは 7bit であり、1 文字を表すのに char 型のデータサイズ 1Byte=8bit で十分です。JIS8 ビットコードは、ASCII コード（\ → ¥ など一部変更あり）に半角カタカナを追加したもので、これも char 型の 1 文字分ですが、日本語の仮名・漢字などの文字は、Shift_JIS コードでは 1 文字あたり 2Byte、UTF-8（1 〜 8Byte で世界の文字を表す Unicode の一種）では日本語の仮名・漢字の多くが 3Byte（一部 4Byte）で表現されます。

　プログラミングに使っている環境で printf("%d",sizeof(" あ ")); の実行結果が「4」なら 3Byte+'\0'、結果が「3」なら 2Byte+'\0' です。printf("%d",sizeof(" あいう ")); など試してみましょう。

Q10_1 `Step A`

　10 字以内の日本語の文字列の入力を受け付け文字列を表示せよ。　参照 **例 10-2**
　ヒント 日本語の文字列データが十分収まるよう char 型の 50 文字分程度の配列に。

例 10-3　文字列を 1 文字ずつ表示

```
#include <stdio.h>

int main( void )
{
    char str[11] ;
    int i ;

    printf("10 字以内の半角文字列：") ;
    scanf("%s", str) ;
    for( i = 0 ; str[i] != '\0' ; i ++ ){
        printf("%d 文字目：%c\n", i+1, str[i]) ;
    }
    return 0 ;
}
```

'\0' は scanf が自動で付加してくれる。

文字列の終端は '\0'

英数字の 1 文字は %c で指定

10 字以内の半角文字列：abc
1 文字目：a
2 文字目：b
3 文字目：c

Q10_2 `Step B`

　入力された文字列の長さ（\0 を除く文字のバイト数）を調べるプログラムを作れ。
　解答例 p.143

Q10_3 `Step B`

　入力された英字の文字列を逆順に表示せよ。例）abc と入力すると cba と表示。
　解答例 p.144

10.2　文字列の代入

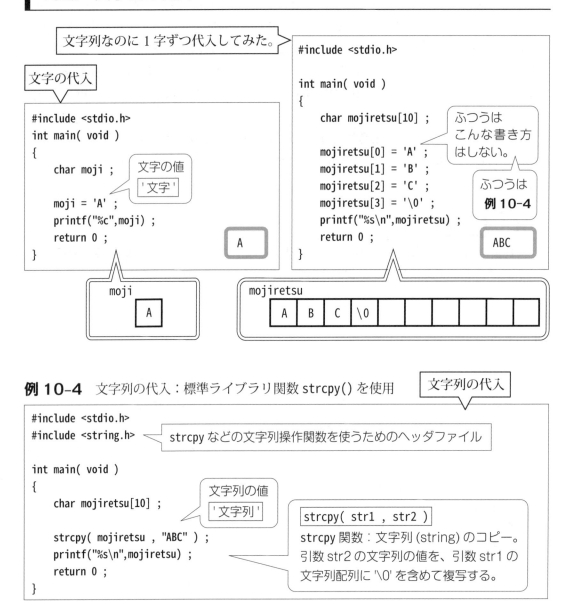

文字列なのに 1 字ずつ代入してみた。

文字の代入

```c
#include <stdio.h>
int main( void )
{
    char moji ;

    moji = 'A' ;
    printf("%c",moji) ;
    return 0 ;
}
```

文字の値
「'文字'」

A

moji

A

```c
#include <stdio.h>

int main( void )
{
    char mojiretsu[10] ;

    mojiretsu[0] = 'A' ;
    mojiretsu[1] = 'B' ;
    mojiretsu[2] = 'C' ;
    mojiretsu[3] = '\0' ;
    printf("%s\n",mojiretsu) ;
    return 0 ;
}
```

ふつうは
こんな書き方
はしない。

ふつうは
例 10-4

ABC

mojiretsu

| A | B | C | \0 | | | | | | |

例 10-4　文字列の代入：標準ライブラリ関数 strcpy() を使用　　文字列の代入

```c
#include <stdio.h>
#include <string.h>

int main( void )
{
    char mojiretsu[10] ;

    strcpy( mojiretsu , "ABC" ) ;
    printf("%s\n",mojiretsu) ;
    return 0 ;
}
```

strcpy などの文字列操作関数を使うためのヘッダファイル

文字列の値
「'文字列'」

strcpy(str1 , str2)
strcpy 関数：文字列 (string) のコピー。
引数 str2 の文字列の値を、引数 str1 の
文字列配列に '\0' を含めて複写する。

注意 C 言語では、文字列の代入は、mojiretu = "ABC" ; とは書けません。

Q10_4　Step A

文字列の値（例えば、"こんにちは"）を strcpy() で配列にコピーして、その配列の
内容を表示せよ。 参照 例 10-4 注意 文字配列は十分な要素数を設定すること。

10.3 文字列の初期化

文字列の初期化（宣言と同時に文字列の値を入れておく）は次のように書けます。

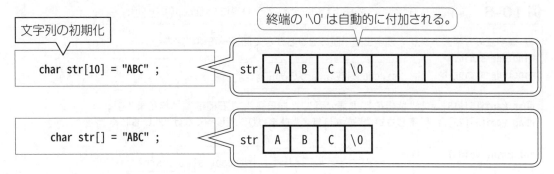

注意 前述のとおり char str[10] ; への代入は、str = "ABC" ; とは書けません。

Q10_5 Step A

Q10_4 と結果が同じプログラムを、文字列宣言と同時に値を初期化して実現せよ。

「文字列の配列」は、2次元配列となり、その初期化は次のように書きます。

例10-5 文字列の配列とその初期化

```c
#include <stdio.h>

int main( void )
{
    char name[3][25] = { "如月 めぐみ" , "今村 健平" , "清水 きよみ" } ;
    int i ;

    for( i = 0 ; i < 3 ; i ++ ){
        printf("%s\n", name[i]) ;
    }
    return 0 ;
}
```

```
如月 めぐみ
今村 健平
清水 きよみ
```

Q10_6 Step B

十二支を表す文字列、子・丑・寅・卯・辰・巳・午・未・申・酉・戌・亥 をあらか
じめ配列に格納しておき、西暦を入力すると十二支を表示するプログラムを作れ。

解答例 p.144

　一般に、データの記述をアルゴリズムと混ぜずに、データをなるべく分けて記述する方が、データの追加・修正などに都合がよく、良い設計であるといえます。

例 10-6　漢字読み方学習アプリ：標準ライブラリ関数 strcmp() を使用

```c
// 漢字読み方学習アプリ：漢字出題→読みをひらがなで回答→正誤判定
#include<stdio.h>
#include<string.h>          strcmp 関数を使うために必要        データ（漢字と読み）

char kanji[5][15] = { " 紫陽花 ", " 蒲公英 ", " 向日葵 ", " 石楠花 ", " 無花果 " } ;
char yomi[5][25] = {" あじさい "," たんぽぽ "," ひまわり "," しゃくなげ "," いちじく "} ;

int main( void )
{                         データは、アルゴリ        strcmp( str1 , str2 )
    char kotae[30] ;      ズム（データを処理        strcmp 関数：文字列の比較。文字列
    int i ;               するプログラム部分）      str1 と str2 が一致するとき 0 を返す。
    int count  = 0 ;      と分けて記述             参照 第 11 章

    for( i = 0 ; i < 5 ; i ++ ){
        printf(" 問 %d:「%s」の読みを、ひらがなで:",i+1,kanji[i]) ;
        scanf("%s",kotae) ;
        if( strcmp( kotae, yomi[i] ) == 0 ){  ◄
            printf(" 正解！！ \n") ;
            count ++ ;
        }else{
            printf(" まちがい！！　正解は「%s」です。\n",yomi[i]) ;
        }
    }
    printf(" これで終わりです。\n") ;
    printf(" 正答数：%d　正解率：%.2lf% \n",count,100.0*(double)count/5.0) ;
    return 0 ;
}
```

Q10_7 `Step C`

　例えば「出題：江戸幕府を開いた武将は？」→「正解：徳川家康」のように、正解が 1 通りの文字列に定まるような問題を何問か出題し、正誤判定や採点をするプログラム（歴史クイズ、用語学習など）を企画・設計して作れ。　参照 **例 10-6**

要 点　■文字列のあつかい（文字の場合とくらべて）

データ型	宣言例	値の例	代入	（同じかどうかの）比較
文字	char c;	'A' '3' '?'	c='A';	c=='A'
文字列	char str[10];	"ABC" " あ "	strcpy(str,"ABC");	strcmp(str,"ABC")==0

第11章　文字と文字列の操作

- ●文字が文字コードで表されることを理解し、操作することを学びます。
- ●標準ライブラリ関数を利用した文字操作も学びます。
- ●標準ライブラリ関数を利用した文字列操作も学びます。
- ●文字や文字列の操作を含むプログラムを設計して作ります。

11.1　文字と文字コード

文字は、コンピュータ内部では ASCII コードで決められた番号で表されています。

例 11-1　文字の文字コードを表示する

```
/* 文字コードを表示する */
#include <stdio.h>

int main( void )
{
    char c ;

    printf(" 文字を入力：") ;
    scanf("%c", &c) ;
    printf(" 文字 %c の ASCII コードは %d(10 進 ) %x(16 進 )\n", c, (int)c, (int)c) ;
    return 0 ;
}
```

> 文字を入力：A
> 文字 A の ASCII コードは 65(10 進) 41(16 進)

c

'A'

中身は同じ

%d なら 10 進表示、%x なら 16 進表示

%c なら文字として表示

　文字の値（例えば 'A'）はコンピュータ内部では ASCII（アスキー）コード番号の整数値（'A' なら 65）であり、文字として表示するか数値として表示するかは、表示法が違うだけです。もちろん、10 進表示しても 16 進表示しても内部の値は同じです。

Q11_1 Step A

　文字型の値の入力を受けて文字コードを表示し、色々な文字のコードを調べよ。

Q11_2 Step B

　ASCII コード 32 から 126（16 進数なら 20 から 7e）の文字とコードを順に表示せよ。

解答例 p.144

Q11_2 のプログラムを ascii という名で保存し、いつでも文字コード表を表示できるようにしておこう。

> **Q11-2** の実行例。 ASCII コードの一覧表

> コード番号 32 の文字は「空白文字」なので表示しても見えない。

文字表示	ASCII コード(10 進)	(16 進)
	32	20
!	33	21
"	34	22
A	65	41
B	66	42
C	67	43
a	97	61
b	98	62
c	99	63
|	124	7c
}	125	7d
~	126	7e

char 型の値は、1 バイトなので int 型ほど大きな数は表せませんが、内部表現は文字コードの整数値です。**例 11-2** に示すように、文字 'A' や 'a' を数値とみなして、'A'<x（比較演算）や 'a'+3（算術演算）のような演算をすることもできます。

例 11-2　大文字を判定し、小文字に変換する。

```
#include <stdio.h>

int main( void )
{
    char c ;

    printf(" 大文字の英字を 1 文字：") ;
    scanf("%c",&c) ;
    if( 'A' <= c && c <= 'Z' ){
        printf(" 小文字にすると ") ;
        c += ( 'a' - 'A' ) ;
        printf(" %c です。\n", c) ;
    }else{
        printf(" 大文字ではありません \n") ;
    }
    return 0 ;
}
```

> 大文字の英字を 1 文字：R
> 小文字にすると r です。

> **大文字の判定**
> ASCII コードの大小を比較

> **大文字を小文字に変換**
> ASCII コードの小文字と大文字の差だけ文字コードをシフトする。'a'(97) と 'A'(65) のコードの差は 32 であり、c+=32 と書いても結果は同じだが、'a'-'A' と書いた方が意味がわかる記述と言える。

Q11_3　Step B
文字の入力を受け、英字大文字、英字小文字、数字、その他に分類せよ。
解答例 p.145

Q11_4　Step B
大文字と小文字からなる文字列の入力を受け、全て大文字に変換して表示せよ。
解答例 p.145

11.2　標準ライブラリ関数による文字の操作

例 11-3　大文字を判定し、小文字に変換する。動作は**例 11-2** と同じ。

```
#include <stdio.h>
#include <ctype.h>          ← isupper, tolower などの文字操作関数を使うために必要

int main( void )
{                                          大文字の英字を 1 文字：R
    char c ;                               小文字にすると r です。

    printf(" 大文字の英字を 1 文字：") ;
    scanf("%c",&c) ;                       isupper 関数：文字が大文字かどうか。
    if( isupper(c) ){     ◀               引数 c（文字の ASCII コード）の文字が
        printf(" 小文字にすると ") ;       大文字なら TRUE（0 以外）を返す。
        c = tolower(c);   ◀
        printf(" %c です。\n", c) ;        tolower 関数：文字を小文字に変換。引
    }else{                                 数 c（文字の ASCII コード）の文字が
        printf(" 大文字ではありません \n") ; 大文字なら小文字に変換したコードを返
    }                                      す。その他ならそのまま返す。
    return 0 ;
}
```

● **文字操作関数** ※ **ctype.h をインクルードして使う**　　※表に示す関数の他にもあります。

関数仕様 （C は ASCII コード）	返却値
int isalnum(int c)	引数が英数字なら 0 以外 (真) そうでないなら 0(偽)
int isalpha(int c)	〃　　英字　　　　　　〃　　　　　　　〃
int isdigit(int c)	〃　　数字　　　　　　〃　　　　　　　〃
int islower(int c)	〃　　小文字の英字　〃　　　　　　　〃
int isupper(int c)	〃　　大文字の英字　〃　　　　　　　〃
int tolower(int c)	〃　　大文字なら小文字に変換したコード
int toupper(int c)	〃　　小文字なら大文字　　　〃

Q11_5 Step B
標準関数を使って **Q11_3** と同じ働きの「文字種判別」プログラムを作れ。
解答例 p.146

Q11_6 Step B
標準関数を使って **Q11_4** と同じ働きの「文字列大文字変換」プログラムを作れ。
解答例 p.146

11.3　標準ライブラリ関数による文字列の操作

文字列は、代入に strcpy 関数（**例 10-4**）、比較に strcmp 関数（**例 10-6**）のように標準ライブラリ関数を使いました。他の文字列操作関数もいくつか表に示します。

● **文字列操作関数** ※ **string.h をインクルードして使う**　　※表に示す関数の他にもあります。

関数仕様※※	機能※※
strcpy(char s1[], char s2[])	s1 に s2 を（末尾の \0 も含めて）複写する。
strcat(char s1[], char s2[])	s1 に s2 を（末尾の \0 も含めて）つなげる。
int strcmp(char s1[], char s2[])	s1 と s2 を比較し、同じとき 0 を返す。
int strlen(char s[])	文字列の文字数（\0 は含まない）を返す。

※※ 厳密な規格とは異なる説明としてある部分がありますが利用上はさしつかえありません。

Q11_7 `Step B`

標準関数を使って前章 **Q10_2** と同じ働きの「文字数カウント」プログラムを作れ。

解答例 p.147

例 11-4　文字列を代入するユーザ定義関数　標準関数 strcpy と似た関数を作ってみた。

```c
#include <stdio.h>

void StringCopy( char str1[] , char str2[] ) ; // strcpy 関数とよく似た関数

int main( void )
{
    char mojiretsu[10] ;

    StringCopy( mojiretsu , "ABC" ) ;
    printf("%s\n",mojiretsu) ;
    return 0 ;
}

void StringCopy( char str1[] , char str2[] )
{
    int i ;

    for( i = 0 ; str2[i] != '\0' ; i ++ ){
        str1[i] = str2[i] ;
    }
    str1[i] = '\0' ;
}
```

ABC

strcpy 関数が標準であるので必要ないが、自前で作ってみると理解が深まるし、標準関数にない処理も実現できる力がつく。他の文字列操作関数も自前で作ってみるとよい。

文字列の終端に '\0' が必要

Q11_8　Step C

　「英単語しりとりゲーム」を設計して作れ。大文字と小文字を区別しない（どちらで入力されてもどちらかに変換して処理）で英字（アルファベット）のみ受け付け、最初の 1 文字が 1 つ前の単語の末尾と同じであるかチェックする。英単語として妥当かどうかはプレイヤー（人間）の判断に任せる（人が別途辞書を参照する等）。「5 文字の単語に限定」「3 〜 7 文字でランダムに指定」「単語の長さに応じて長い単語ほど高得点を加算する」など文字数の指定方法や利用法を決め、文字数の制約がある場合は入力された回答をチェックする。「既に回答ずみの単語は受け付けない」などの制約を設けても良い。ゲーム終了の条件は、例えば「1 人で遊んで続いた回数の記録を競う」「複数人で遊び 3 回パスすると負け」「"HAPPY", "LUCKY" など指定のキーワードを回答できたら勝ち」「NG 英字をシークレット設定してその文字で終わる単語を答えたら負け」「加算得点が指定の点数に達したら勝ち」などのようにルールを考案して実現する。勝敗などの結果も自動判定して表示すること。

例 11-5　「英単語しりとり」の一例

```
// 英単語しりとり
#include <stdio.h>
#include <stdlib.h>
#include <time.h>
#include <string.h>
#include <ctype.h>

void toUpperStr( char s[] ) ; // 文字列をすべて大文字に
void Title( void ) ; // タイトル表示
char HeadChar( int stage, char pre[] ) ; // 次の 1 文字目を返す
int CheckStr( char str[], char c, int len ) ; // 回答チェック
int ChangePlayer( int ply, int num) ; // 次のプレーヤーへ交代

int main( void )
{
    char head ; // 英単語の 1 文字目の文字
    int charlen ; // 英単語の文字数
    char str[30] ; // 回答された英単語
    char str_pre[30] ; // 前回の英単語
    int NumPlay ; // プレーヤーの数（1 〜 10 人のどれか）
    int player ; // プレーヤー番号　1 〜 NumPlay（最大 10）
    char PlayerName[10][30] ; // プレーヤーの名前（最大 10 人分）
    int count = 0 ;  // しりとりの回数
    int ans = 0 ; // メニューへの回答番号
```

```
    Title() ;
    srand((int)time(NULL)) ; // 乱数の初期化
    printf(" プレーヤーの人数 [1-10] : ") ;
    scanf("%d",&NumPlay) ;
    for(player=1; player<=NumPlay; player++){
        printf("%d 人目のプレーヤーの名前 : ",player) ;
        scanf("%s",PlayerName[player-1]) ;
    }
    count = 1 ;
    player = 1 ;
    while( 1 ){
        printf("%s さんの番です。\n",PlayerName[player-1]) ;
        head = HeadChar(count, str_pre) ;
        charlen = 3+rand()%7 ; // 文字数を 3 ～ 9 文字の間でランダムに設定
        do{
            printf("%c ではじまる %d 文字の英単語を答えなさい。\n",head,charlen) ;
            printf("[1] 降参する　[2] 答える　: ") ;
            scanf("%d",&ans) ;
            if(ans==1){ // 降参したとき
                break ;
            }
            printf(" 英単語 : ") ;
            scanf("%s",str) ;
            toUpperStr(str) ;
        }while( !CheckStr(str,head,charlen) ) ; // 認められる回答になるまで回答
        if(ans==1){ // 降参したとき
            printf("%s さん、あなたの負けです。\n",PlayerName[player-1]) ;
            break ;
        }
        player = ChangePlayer(player,NumPlay) ; // 次の人へ
        strcpy(str_pre, str) ;
        count ++ ; // 次の回へ
    }
}

void toUpperStr( char s[] )
{
    int i ;

    for(i=0; s[i]!='\0'; i++){
        s[i]=toupper(s[i]) ;
    }
}

void Title( void )
{
    printf(" ■□■□■　　英単語しりとり　　□■□■□ \n") ;
    printf(" ゲーム参加者で順に英単語のしりとりをします。\n") ;
```

参照：
p.163
補足解説③

```
        printf(" 前の人が答えた単語の最後の文字から始まる、\n") ;
        printf(" 指定される文字数の単語を答えてください。\n") ;
        printf(" 英単語の妥当性は人の判断で決めてください。\n") ;
}

char HeadChar( int stage, char pre[] )
{
    int i ;

    if( stage == 1 ) // 初回
        return 'A'+rand()%26 ; // ランダムな英字
    for(i=0; pre[i]!='\0'; i++) ; // 英単語の末尾（文字列終端）まで i を進める
    return pre[i-1] ; // 前の回答の最後の文字
}

int CheckStr( char str[], char c, int len )
{
    int ans ;

    if(str[0]!=c){
        printf("1 文字目が違います。\n") ;
        return 0 ; //False
    }
    if(strlen(str)!=len){
        printf(" 文字数が違います。\n") ;
        return 0 ; //False
    }
    printf(" 英単語として、[1]OK [2]NG :") ;
    scanf("%d",&ans) ;
    if(ans!=1){
        printf(" 英単語として認められません。\n") ;
        return 0 ; //False
    }
    return 1 ; //True: 回答は OK
}

int ChangePlayer( int ply, int num )
{
    return 1+(ply%num) ; // 次のプレーヤーへ (1→2, 2→3, ... , num→1)
}
```

第 12 章　アドレスとポインタ

- ●「アドレス」と「ポインタ」の用語の意味を理解します。
- ●ポインタによる実体の参照をイメージ図とともに理解します。
- ●関数における「アドレス渡しの引数」について学びます。
- ●配列とポインタの関係について学びます。

▌12.1　アドレス値とポインタ変数

　変数を宣言すると、" 箱 " が用意されます。もう少し正確に言えば、プログラム実行時にコンピュータのメモリ上に利用可能な領域（これが " 箱 "）が確保されるのです。

　" 箱 " がどこに用意されるかは、コンピュータまかせなので、プログラマもユーザも知らなくてかまいません。しかし、確実にどこか1つの場所に確保されるのです。

　そして、コンピュータのメモリ上のすべての場所には、**アドレス**（**番地**）と呼ばれる番号がつけられているのです。

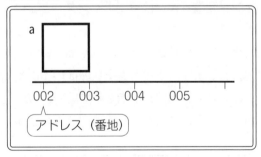

　変数（箱）のアドレス（箱が置かれた番地）の値は、ふつうは知らなくてもよいのですが、知りたければ、変数名の前に & をつけるとわかるようになっています。

　例えば、int a ; と宣言された変数 a のアドレス値は &a です。

　printf("%d",&a) ; などとすれば、アドレス値を表示することができます。

Q12_1　Step A
　int 型、char 型などの変数を 2 ～ 3 個ずつ宣言し、そのアドレスの値を表示せよ。宣言する順番を変えてみて、アドレス値が同じかどうか試せ。

　解説 コンピュータが割り当てるアドレスは実行時の状況によって変わります。

char 型、int 型、double 型などによって変数のデータサイズ（箱の大きさ）が違いますが、変数のアドレス値は、どれもその変数の先頭の場所を示すアドレスです。

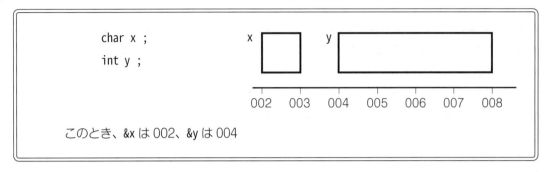

アドレスの値は、コンピュータまかせであり、アドレスの値が何番なのかは重要ではありません。しかし、アドレス値が変数の場所を表すものであることを利用してプログラムを書くと、とても便利な場合があるのです。

整数の値を利用するときには int 型の変数、文字を利用するときには char 型の変数を使いました。これと同じで、プログラムの中でアドレス値を利用するためには、アドレス値を格納する変数（アドレス値を入れる箱）が必要になります。アドレス値を格納する変数を**ポインタ変数**（または単に**ポインタ**）と言います。

ポインタ変数は int *p ; や char *a ; のように変数名の前に ＊（アスタリスク）をつけて宣言します。ポインタ変数の前の int や char といった型名は、そのポインタ（「指し示すもの」という意味）が指し示す場所、つまり、そのポインタ変数に格納されたアドレス値（住所）の場所にある変数や値の型を表します。

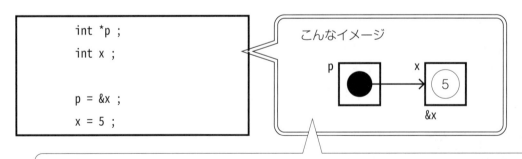

p には x のアドレス値 &x を代入したが、その具体的な値が何番なのかはどうでもよいので入った値を●と表す。p の値（つまり x のアドレス）をたどっていくと、int 型の値 5 が入った変数 x にたどり着くことができる。このように、p が x を指し示しているイメージを、図では→で表す。このイメージ図を描けるように。

要点　■アドレスとポインタ

用語	意味
アドレス（アドレス値）	変数などの番地（メモリ上の場所を表す数値）
ポインタ（ポインタ変数）	アドレスを値とする変数

例 12-1　アドレス値とポインタ変数

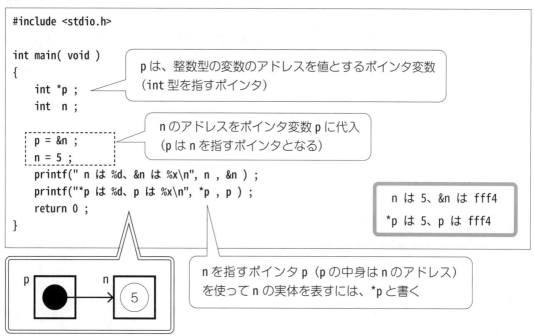

```
#include <stdio.h>

int main( void )
{
    int *p ;
    int  n ;

    p = &n ;
    n = 5 ;
    printf(" n は %d、&n は %x\n", n , &n ) ;
    printf("*p は %d、p は %x\n", *p , p ) ;
    return 0 ;
}
```

p は、整数型の変数のアドレスを値とするポインタ変数（int 型を指すポインタ）

n のアドレスをポインタ変数 p に代入（p は n を指すポインタとなる）

n は 5、&n は fff4
*p は 5、p は fff4

n を指すポインタ p（p の中身は n のアドレス）を使って n の実体を表すには、*p と書く

　n が実体（整数型などのふつうの変数）のとき、&n は「n のアドレス」を意味し、p がポインタ（アドレス値を値とする変数）のとき、*p は「p が指す先の実体」を意味します。

要点　■実体とアドレスの参照

変数の種類	宣言	実体	アドレス
ふつうの変数	int x ;	x	&x
ポインタ変数	int *x ;	*x	x

■ int x; と宣言された、ふつうの変数 x の場合：

　x と書けば「整数値を入れる x という名の箱」または「箱 x の中身の整数値」の意味。

　&x と書くと「箱 x のアドレス値」を意味する。

■ int *x; と宣言された、ポインタ変数 x の場合：

　x と書けば「アドレス値を入れる x という名の箱」または「箱 x の中身のアドレス値」。

　*x と書くと「x の値であるアドレス値の場所にある箱」または「アドレス値の場所にある箱の中身の値」。

クイズ　**例 12-1** の
```
p = &n ;
n = 5 ;
```
の部分を別の書き方に変えてみる。

次のうち 2 つは**例 12-1** と同じように動くが、1 つは間違いである。どれか。

ア)
```
n = 5 ;
p = &n ;
```
イ)
```
p = &n ;
*p = 5 ;
```
ウ)
```
*p = 5 ;
p = &n ;
```

　上のクイズの答えがわからないときは、まず、**例 12-1** のときのようなイメージ図を順に書いてみてください。

イメージ図

　また、次の場合も考えてみてください。上のクイズと理由は同じです。

注意　次のプログラムは間違っています。なぜか（図を描いて理解すること）。

```c
/* このプログラムは間違っています。実行すると危険です。  */
#include <stdio.h>

int main( void )
{
    int *p ;

    *p = 5 ;
    printf(" *p は %d、p は %x\n", *p , p ) ;
    return 0 ;
}
```

解説　実体のないポインタが指し示す先の領域は、そのプログラムで利用するように確保されていません。確保されていない領域を操作すると、動作が保証されないばかりか、コンピュータが別の目的で利用している領域を破壊しかねない危険なプログラムとなります。

　　　　　　　　　　　　なお、上のクイズの 答え は、ウ) です。

Q12_2　Step B

　上の間違ったプログラムに、実体の宣言を加えて正しいプログラムに直せ。
解答例 p.147

12.2 アドレス渡しの引数

関数の引数がアドレス値である場合を考えてみましょう。

例 12-2 アドレス渡しの引数

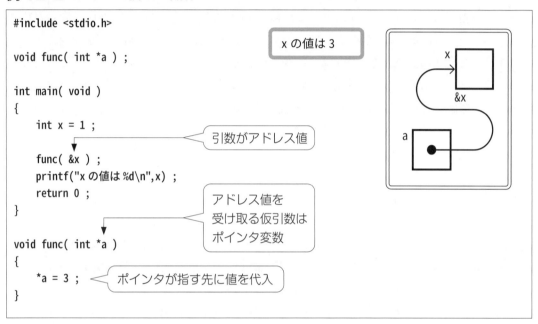

```
#include <stdio.h>

void func( int *a ) ;

int main( void )
{
    int x = 1 ;

    func( &x ) ;                    引数がアドレス値
    printf("x の値は %d\n",x) ;
    return 0 ;
}                                   アドレス値を
                                    受け取る仮引数は
void func( int *a )                 ポインタ変数
{
    *a = 3 ;    ポインタが指す先に値を代入
}
```

x の値は 3

例 12-2 のように、引数のアドレス渡しを使うと、変数のアドレス値を引数として受け取った関数内から、呼び出し元にある変数の値を操作することができます。

関数は、返却値としては 1 つしか値を返すことができませんが、関数から複数の値を返したいときに、返却値のかわりに、アドレス渡しの引数を使うことで代用できます。値を返したい複数の変数を、呼び出し元に定義しておき、それらのアドレスを引数として関数に渡して関数内で値を操作すればよいのです。

Q12_3 Step B

整数値の入った 2 つの変数のアドレスを引数として渡すと、2 変数の値を入れ換える関数 swap を作り、働きを確かめよ。

ヒント 例えば、a と b の値の入れ換えは、第 3 の変数 c を用意して、

①c ＝ a（いったん a の値を c に入れておく）、②a ＝ b（a に b の値を入れる）、

③b ＝ c（b にもともとの a の値を入れる）、という手順で実現できます。

解答例 p.147

Q12_4　Step B

次のような仕様の「割り算関数」を作って、その働きを確かめよ。

「割り算関数」の仕様：

引数：第1引数（整数値）、第2引数（整数値）、第3引数（整数型へのポインタ）、第4引数（整数型へのポインタ）、の4つの引数をもつ。

機能：第1引数を割られる数、第2引数を割る数として、割り算を行い、商の整数部を第3引数が指す変数に代入、割り算の余りを第4引数が指す変数に代入する。ただし、割る数（第2引数）が0のとき、および、第1・第2引数のどちらか一方でも負の数の場合は、エラーとし以上の処理を実行しない。

返却値：整数型。引数のエラー（第2引数が0または第1・第2引数のどちらか一方でも負の数）の場合0、それ以外のとき1を返す。

解答例 p.148

たねあかし　＜ scanf 関数の＆＞　参照 第 2 章

scanf 関数は、scanf(" 書式指定 ", 変数のアドレス) のように変数のアドレスを引数とし、指定されたアドレス（番地）の変数にキーボードからの入力値を入れてくれる関数です。scanf 関数で、int x; に対して scanf("%d", &x); のように引数の変数の前に＆が必要な理由は、scanf 関数の引数がアドレス渡しだからなのです。

ただし、文字列の入力を受け付ける場合は、例えば char a[10]; に対して、＆をつけずに scanf("%s",a); などと書きます。その理由は、↓次のたねあかし

たねあかし　＜ scanf 関数で、文字列のときだけ＆をつけない理由＞　参照 第 10 章

scanf 関数の 2 つ目以降の引数はポインタ変数で、char c; のようなふつうの変数に対しては、scanf("%c",&c); のようにアドレスを表す＆が必要ですが、文字列 char str[20]; のような場合は、scanf("%s",str); のように＆はつけません。

その理由は、文字列は文字の配列 であり 配列名は配列の先頭のアドレス （12.3 節参照）だからです。つまり、文字列名（文字型配列の配列名）で表されるのは、はじめからアドレス値なので、＆をつける必要がないのです（＆をつけると間違いです）。

たねあかし ＜関数の引数が配列の場合の値＞　参照 第 9 章　もっと知りたい人へ

関数の引数は局所変数のはずなのに配列を引数で渡して関数内で内容を書き換えると呼び出し元でも値が変わっているのは、配列名は配列の先頭のアドレス （12.3 節参照）であり、配列の引数は「アドレス渡しの引数」なので、関数の呼び出し元に実体がある配列の内容を関数内で参照して書き換えているからです。

12.3 配列とポインタ

配列を宣言したとき（例えば int a[5] ; ）、配列の各要素は a[0] や a[3] のように表されますが、単に a のように配列名だけを書くと、配列の先頭のアドレス の意味（ &a[0] と書くのと同じ）になります。

> 配列名は配列の先頭アドレス

例 12-3 配列とポインタ、ポインタ +1　ポインタ +1 は 1 つ先を指す

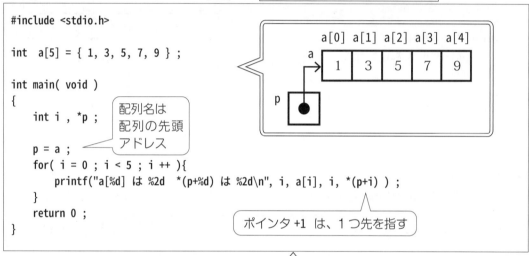

```
#include <stdio.h>

int  a[5] = { 1, 3, 5, 7, 9 } ;

int main( void )
{
    int i , *p ;

    p = a ;
    for( i = 0 ; i < 5 ; i ++ ){
        printf("a[%d] は %2d  *(p+%d) は %2d\n", i, a[i], i, *(p+i) ) ;
    }
    return 0 ;
}
```

配列名は配列の先頭アドレス

ポインタ +1 は、1 つ先を指す

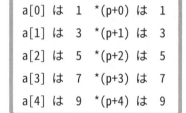
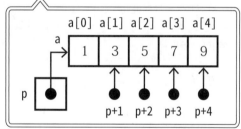

```
a[0] は  1  *(p+0) は  1
a[1] は  3  *(p+1) は  3
a[2] は  5  *(p+2) は  5
a[3] は  7  *(p+3) は  7
a[4] は  9  *(p+4) は  9
```

配列名は配列の先頭アドレスですから、**例 12-3** のように、ポインタ変数 p の値を p = a とすると、p は配列の先頭アドレス（ &a[0] ）を指します。このとき、配列 2 番目の要素のアドレス（ &a[1] ）は、ポインタ変数 p を使って p+1 、3 番目の要素のアドレス（ &a[2] ）は p+2 と表せます。ポインタ +1 は、アドレス値に 1 を足すのではなく、ポインタが指す場所の 1 つ先の " 箱 " を指します。ポインタ +2 とすれば 2 つ先の " 箱 " を指すのです。

> ポインタ +1 は 1 つ先を指す

また、ポインタ変数（ int *p ）の増分演算（ p++ ）は、ポインタを 1 つ進める働き（ p=p+1 ）をします。「1 つ進める」とは、int 型のポインタなら int 型の箱 1 つ分、char 型のポインタなら char 型の箱 1 つ分だけポインタの指す場所を進めるという意味です。（ 参照 **例 12-4**）

> ポインタ ++ はポインタを 1 つ進める

例12-4 配列とポインタ、ポインタ++ ┃ ポインタ++ はポインタを1つ進める

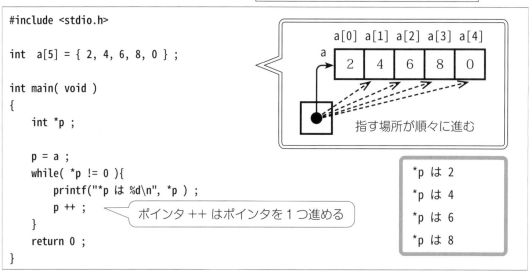

```
#include <stdio.h>

int  a[5] = { 2, 4, 6, 8, 0 } ;

int main( void )
{
    int *p ;

    p = a ;
    while( *p != 0 ){
        printf("*p は %d\n", *p ) ;
        p ++ ;                      ポインタ++ はポインタを1つ進める
    }
    return 0 ;
}
```

```
*p は 2
*p は 4
*p は 6
*p は 8
```

Q12_5 Step A

次のプログラムの実行結果を予想せよ。

```
#include <stdio.h>

char   str[10] = "ABCDEFG" ;          結果予想

int main( void )
{
    char *p ;

    for( p = str ; *p != '\0' ; p ++ ){
        printf("%s\n", p ) ;
    }
    return 0 ;
}
```

┃ヒント┃ 関係する標語・・・ ┃文字列は文字の配列┃ ┃配列名は配列の先頭アドレス┃
┃文字列の終端は '\0'┃ ┃ポインタ++ はポインタを1つ進める┃

Q12_6 Step B

　文字列を入力すると、文字列から 'C' という文字を探し、はじめに現れた 'C' 以降を表示するプログラム（例えば "ABCDEF" と入力すると "CDEF" と表示する）を作れ。

解答例 p.149

要 点

■**配列名は配列の先頭アドレス**

■**ポインタ +1 は 1 つ先を指す**

■**ポインタ ++ はポインタを 1 つ進める**

■**NULL（ナルポインタ）はどこも指さない**

どこも指さないポインタの値（アドレス値がゼロ：データのアドレスにゼロ番地は使われない）を NULL と書きます。**ナルポインタ**（またはヌル）と呼びます。

Q12_7 Step B

Q12_6 の機能を、関数化し、'C' 以外の文字にも使えるようにせよ。

関数名は MojiSagasi()、関数の引数は文字列と探し出す文字とし、返却値は、探し出した文字を指すポインタとする（文字が文字列中にないときは NULL を返す）。

解答例 p.149

なお、**Q12_7** の関数 MojiSagasi() は、標準ライブラリ関数 strchr() と同じです。strchr 関数の仕様は次のとおりです。

> char *str は、char str[] と書いても同じ意味。
> 配列名は配列の先頭アドレス

strchr 関数

インクルード：string.h

型：char *strchr(char *str , int c)

引数：str（文字列の値）、c（文字の ASCII コード）

返却値：文字列 str に最初に文字 c が表れる位置のアドレスを返す。

文字 c がないときは、NULL を返す。

Q12_8 Step C

すでに学んだ strcpy 関数や strcat 関数（ 参照 第 11 章）は、返却値として第 1 引数の文字列の先頭アドレスを返す。**例 11-4** のユーザ定義関数も同様に返却値を持つよう改造し、呼び出し元での利用法を検討せよ。また、返却値がアドレスであるような関数（ポインタ型の関数）を考えて作成し、機能を試せ。（例えば、「2 つの文字列を引数で渡すと、第 2 引数の方が文字数が多い場合は第 2 引数、そうでない場合は第 1 引数の文字列（のアドレス）を返す関数」など）

注意 関数が返却するポインタが指す先の実体が、呼び出し元で有効であるように注意すること。

- ●「構造体」を定義・宣言して利用することを学びます。
- ● typedef を用いた構造体の定義を理解します。
- ●構造体の配列を学び利用します。
- ●構造体を指すポインタを使ってプログラムを作ります。

13.1 構造体の定義と宣言

複数の変数をひとまとめにしたいとき、**構造体**（structure）を定義します。

例 13-1 「構造体の定義」と「構造体型の変数の宣言」

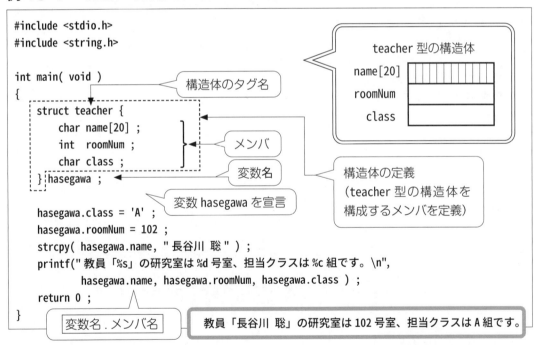

```
#include <stdio.h>
#include <string.h>

int main( void )                     ← 構造体のタグ名
{
    struct teacher {
        char name[20] ;              ← メンバ
        int  roomNum ;
        char class ;                 ← 変数名
    } hasegawa ;                     ← 変数 hasegawa を宣言

    hasegawa.class = 'A' ;
    hasegawa.roomNum = 102 ;
    strcpy( hasegawa.name, "長谷川 聡" ) ;
    printf(" 教員「%s」の研究室は %d 号室、担当クラスは %c 組です。\n",
            hasegawa.name, hasegawa.roomNum, hasegawa.class ) ;
    return 0 ;
}                    変数名 . メンバ名
```

teacher 型の構造体
name[20]
roomNum
class

構造体の定義
（teacher 型の構造体を
構成するメンバを定義）

教員「長谷川 聡」の研究室は 102 号室、担当クラスは A 組です。

hasegawa.name のように、変数名に . （ピリオド）でメンバ名をつなげて、
変数名 . メンバ名 でひとつの変数のように扱います。

Q13_1 Step A

例えば「学籍番号、氏名、入学年度、身長」などのメンバをもつ student 型の構造体を定義し、具体的な変数を宣言し、メンバに適当な値を代入して、表示せよ。

構造体の定義と宣言は、以下のようにいろいろな書き方ができます。

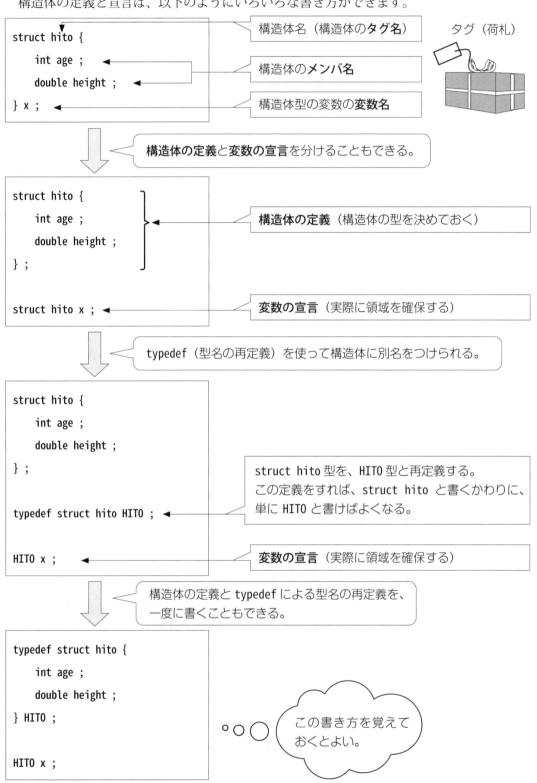

```
struct hito {
    int age ;
    double height ;
} x ;
```

構造体名（構造体の**タグ名**）

構造体の**メンバ名**

構造体型の変数の**変数名**

タグ（荷札）

構造体の定義と変数の宣言を分けることもできる。

```
struct hito {
    int age ;
    double height ;
} ;

struct hito x ;
```

構造体の定義（構造体の型を決めておく）

変数の宣言（実際に領域を確保する）

typedef（型名の再定義）を使って構造体に別名をつけられる。

```
struct hito {
    int age ;
    double height ;
} ;

typedef struct hito HITO ;

HITO x ;
```

struct hito 型を、HITO 型と再定義する。
この定義をすれば、struct hito と書くかわりに、
単に HITO と書けばよくなる。

変数の宣言（実際に領域を確保する）

構造体の定義と typedef による型名の再定義を、
一度に書くこともできる。

```
typedef struct hito {
    int age ;
    double height ;
} HITO ;

HITO x ;
```

この書き方を覚えて
おくとよい。

要点　■ typedef を使った、構造体の定義と宣言

```
typedef struct ningen {
    char shimei[50] ;
    int nenrei ;
} NINGEN ;


NINGEN x ;
```

構造体の定義

typedef で struct ningen 型を NINGEN 型と再定義

構造体型は大文字が良い

変数の宣言

Q13_2　Step A
typedef を使って構造体を定義と同時に再定義するように **Q13_1** を修正せよ。

●構造体の初期化
構造体の値の初期化は、次のように書くことができます。

例 13-2　構造体の初期化

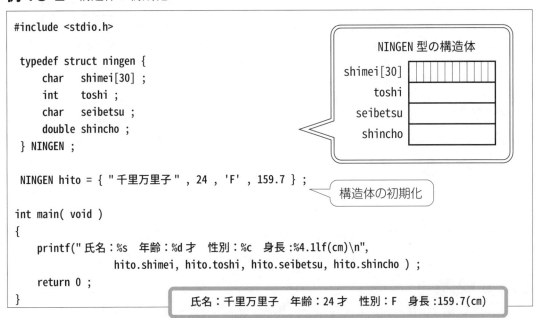

```
#include <stdio.h>

typedef struct ningen {
    char   shimei[30] ;
    int    toshi ;
    char   seibetsu ;
    double shincho ;
} NINGEN ;

NINGEN hito = { "千里万里子" , 24 , 'F' , 159.7 } ;

int main( void )
{
    printf(" 氏名 :%s　年齢 :%d 才　性別 :%c　身長 :%4.1lf(cm)\n",
                hito.shimei, hito.toshi, hito.seibetsu, hito.shincho ) ;
    return 0 ;
}
```

NINGEN 型の構造体
shimei[30]
toshi
seibetsu
shincho

構造体の初期化

氏名 : 千里万里子　年齢 : 24 才　性別 : F　身長 :159.7(cm)

Q13_3　Step A
構造体型の変数の宣言と同時に値を初期化するように **Q13_2** を修正せよ。

13.2　構造体の配列

構造体の配列は、次のような書き方で、宣言と同時に初期化できます。

例 13-3　「構造体の配列」とその初期化

```
#include <stdio.h>

typedef struct ningen {
    char   name[31] ;
    char   sex ;
    int    age ;
} HITO ;

HITO list[3] = { { "朝雲 昭",      'M', 15 },
                 { "和登 千代子", 'F', 14 },
                 { "天馬 飛雄",    'M', 10 } } ;

int main( void )
{
    int i ;

    printf("      名前      年齢   性別 \n") ;
    for( i = 0 ; i < 3 ; i ++ ){
        printf("%15s %2d 才   %c\n",
            list[i].name,list[i].age,list[i].sex) ;
    }
    return 0 ;
}
```

	名前	年齢	性別
	朝雲 昭	15 才	M
	和登 千代子	14 才	F
	天馬 飛雄	10 才	M

構造体の配列の初期化

list[0]　list[1]　list[2]

Q13_4 Step B

「科目名」と「得点」をメンバとする構造体を 5 科目分配列として用意し、5 つの科目名は初期値として設定、得点の初期値は全て 0 点としておき、順に各科目の得点を入力させてから、5 科目の科目名と得点を表示するプログラムを作れ。

解答例 p.150

Q13_5 Step B

第 10 章 **例 10-6** の漢字と読みのデータ部分を構造体にまとめて、例えば、
typedef struct nandoku{ char kanji[15]; char yomi[25]; int chk; } NANDOKU;
と定義して、NANDOKU mondai[5]; を宣言して kanji と yomi は初期化しておく。回答が誤答の場合はその設問の chk フラグを立て、全問終了後に、誤答だった問題だけ再出題するように、バージョンアップせよ（**Q10_7** のバージョンアップでもよい）。

解答例 p.150

13.3　構造体を指すポインタ

例 13-4　構造体を指すポインタ

```
#include <stdio.h>

typedef struct student {
    int    bango ;
    char   shimei[31] ;
} GAKUSEI ;

GAKUSEI meibo[30] = { {101, " 河原和子 "},
                      {102, " 大寒鉄郎 "},
                      {  0, ""          } } ;

int main( void )
{
    GAKUSEI *ptr ;      ◁─ 構造体を指すポインタ

    for( ptr = meibo ; ptr->bango != 0 ; ptr ++ ){
        printf("%3d  %s\n", ptr->bango, ptr->shimei) ;
    }
    return 0 ;
                    構造体を指すポインタによるメンバ参照は ポインタ -> メンバ名
}
```

meibo

101	102	…	
河原	大寒		

ptr

101	河原和子
102	大寒鉄郎

要　点　■構造体のメンバの参照

構造体型の変数（実体）を使って参照・・・・・・ 変数名 . メンバ名

構造体を指すポインタ変数を使って参照・・・・・ ポインタ -> メンバ名

Q13_6 Step B

「氏名、身長」がメンバの構造体の配列に 10 人分の値を初期値として格納しておき、「構造体の配列の先頭アドレスを引数で渡すと、最も背の高いデータの構造体を指すポインタを返す関数」を作って最高身長の人の氏名と身長を表示せよ。

解答例 p.151

Q13_7 Step C

登場するキャラクタやアイテムの数だけ「名前、種類、ポイント、位置」などをセットにした構造体を用意し、進んだコマ数や選択した行動によってポイントが変わるなどのルールを決めて、「出世ゲーム」「人生すごろく」「移動パズル」等を作れ。

「農夫のジレンマ」ゲーム
　1 人で遊ぶパズルゲーム。ゲームのルールは次のとおり。
　「農夫」が、「狼」「山羊」「キャベツ」とともに、小舟で川を渡ろうとしている。小舟には、農夫の他に一度に 1 つまでしか乗せられない。
　また、農夫が一緒にいないと、狼は山羊を、山羊はキャベツを食べてしまう。プレーヤーは「農夫」になって、なるべく少ない回数で、すべてを川の向こう岸へ渡す手順を考える。無事に渡れたら上がり。

例 13-5　農夫のジレンマ

```
//
//   農夫のジレンマ
//   Farmer's Dilemma
//
#include <stdio.h>

void Disp( void ) ;
void PrintSide( int plc ) ;
void Move( void ) ;
int Check( int count ) ;

typedef struct _object{
    char name[10] ;
    int  place ; // 0: 此岸 1: 対岸
} OBJ ;

OBJ object[4] = { {" 農夫 ",0,},
                  {" 狼   ",0,},
                  {" 山羊 ",0,},
                  {" キャベツ",0,} };

int main( void )
{
    int count = 0 ;

    printf("    「農夫のジレンマ」 \n") ;
    printf("無事にすべてを対岸に渡れるか \n") ;
    Disp() ;
    while( 1 ){
        count ++ ;
        printf("%d 回目：",count) ;
        Move() ;
        Disp() ;
        if( Check(count) == 0 ){
            break ;
        }
    }
```

```
        「農夫のジレンマ」
無事にすべてを対岸に渡せるか


    農夫    狼      山羊   キャベツ
===========================
===========================



1 回目：どれを渡す？
(0) 農夫だけ (1) 狼    (2) 山羊 (3) キャベツ：1

                山羊     キャベツ
===========================
===========================
    農夫    狼

GAME OVER：山羊 がキャベツを食べちゃった！
```

```
        return 0 ;
}

/* 川と両岸の様子を表示 */
void Disp( void )
{
    PrintSide( 0 ) ;                              // はじめの岸
    printf("\n===========================") ;  // 川
    printf("\n===========================") ;
    PrintSide( 1 ) ;                             // 対岸
    printf("\n\n") ;
}

/* 片岸の様子を表示（引数 plc は岸番号 0：はじめの岸 1：対岸）*/
void PrintSide( int plc )
{
    int obj ;

    printf("\n") ;
    for( obj = 0 ; obj < 4 ; obj ++ ){
        if( object[obj].place == plc ){
            printf(" %s ",object[obj].name) ;
        }else{
            printf("        ") ; // 空白表示
        }
    }
}

/* 農夫（と、もうひとつ）の移動 */
void Move( void )
{
    int i, num ;

    printf(" どれを渡す？ \n") ;
    printf("(0) 農夫だけ ") ;
    for( i = 1 ; i < 4 ; i ++ ){
        if(object[i].place == object[0].place){ // 農夫と同じ岸（移動可）
            printf("(%d)",i) ;
        }else{                                   // 農夫と別の岸（移動不可）
            printf("(X)") ;
        }
        printf("%s",object[i].name) ;
    }
    while( 1 ){
        printf(" : ") ;
        scanf("%d",&num) ;
        if( 0 <= num && num < 4 &&
            object[num].place == object[0].place ){
            break ;
```

```
            }else{
                printf(" 入力エラー \n 再入力 ") ;
            }
        }
        object[num].place ^= 1 ; // 移動（0 なら 1、1 なら 0）
        if( num != 0 ){
            object[0].place ^= 1 ; // 農夫移動（0 なら 1、1 なら 0）
        }
    }

    /* 岸の状態をチェック（返却値　1：途中　0：終了）*/
    int Check( int count )
    {
        int obj ;

        for( obj = 1 ; obj <= 2 ; obj ++ ){
            if( object[0].place != object[obj].place &&
                object[obj].place == object[obj+1].place ){
                printf("GAME OVER：%s が %s を食べちゃった！ \n",
                    object[obj].name, object[obj+1].name ) ;
                return 0 ;
            }
        }
        for( obj = 0 ; obj < 4 ; obj ++ ){
            if( object[obj].place == 0 ){  // まだ渡っていないモノがある
                return 1 ;
            }
        }
        printf(" 無事渡りきりました。(%d 回) \n",count) ;
        if( count > 7 ){
            printf(" でも、渡る回数が多すぎます。\n") ;
        }else{
            printf(" おめでとう！　最短回数です。\n") ;
        }
        return 0 ;
    }
```

「^」はビット演算の XOR（排他的論理和）。0^1 は 1、1^1 は 0

●構造体のメンバがポインタ変数である場合を理解します。
●構造体を使って「リスト」「木」などの「データ構造」を作ります。
●動的な「メモリの割り当て」と「メモリの解放」について学びます。
●データ構造の要素を動的に追加・削除できるプログラムを作ります。

14.1 データ構造

●構造体のメンバにポインタ

構造体のメンバをポインタ変数（中身はアドレス値）にすると、実体（実際の値）は構造体型の変数とは別の場所にあることになります。

例14-1 構造体のメンバにポインタ変数

```
#include <stdio.h>

typedef struct ningen {
    char   *name ;
    char   *status ;
    int    age ;
} NINGEN ;

NINGEN data = { " 牧村 五郎 ", NULL, 30 } ;

char category[2][10] = { " 教員 ", " 学生 " } ;

int main( void )
{
    data.status = category[0] ;
    printf("%s (%s) %d 歳 \n", data.name, data.status, data.age) ;
    return 0 ;
}
```

deta
name ● → 牧 村 五 郎 \0
status ●
age 30 → category
教 員 \0
学 生 \0

牧村 五郎 （教員）30 歳

実体の構造体では、 変数名 . メンバ名

Q14_1 Step A

例えば「学籍番号、氏名、所属学科名」などの値を指すポインタをメンバとする student 型の構造体を定義し、変数を宣言してメンバを値につなげ、値を表示せよ。

　構造体のメンバに、同じ型の構造体を指すポインタをもたせることで、データ構造（リスト構造、ツリー構造、ネットワーク構造など）を作ることができます。

●リスト構造

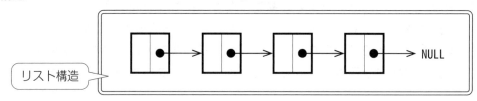

例 14-2　リスト構造（構造体のメンバに構造体を指すポインタ）

```
#include <stdio.h>
#include <string.h>

typedef struct ningen {
    char    shimei[30] ;
    struct ningen *next ;        同じ型の構造体を指すポインタ
} NINGEN ;

                                                          リスト構造
NINGEN hito1, hito2, hito3 ;

int main( void )                   青居  →  杉並  →  桑田  → NULL
{
    NINGEN *ptr ;

    strcpy( hito1.shimei , "青居 邦彦" ) ;              青居 邦彦
    strcpy( hito2.shimei , "杉並 井草" ) ;              杉並 井草
    strcpy( hito3.shimei , "桑田 このみ" ) ;            桑田 このみ
    hito1.next = &hito2 ;
    hito2.next = &hito3 ;
    hito3.next = NULL ;
    for( ptr = &hito1; ptr != NULL; ptr = ptr->next ){
        printf( "%s\n", ptr->shimei ) ;
    }
    return 0 ;                構造体へのポインタでは、変数名 . メンバ名
}
```

Q14_2　Step A

　「データ」の他に「同じ型の構造体を指すポインタ」をメンバとする構造体型の変数を、5つ宣言し、リスト構造にして、ポインタを順に進めてデータを表示せよ。

●**ツリー構造（木構造）**

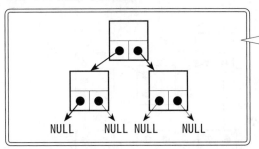

ツリー構造

構造体を指すポインタをメンバに複数もち、階層的な枝分かれ構造を作ります。

例14-3 2分木

```
#include <stdio.h>

typedef struct node{
    int data ;
    struct node *left ;
    struct node *right ;
} NODE ;

NODE x[7] = { { 0, NULL, NULL },
 { -2, NULL, NULL }, {  2, NULL, NULL },
 { -3, NULL, NULL }, { -1, NULL, NULL }, { 1, NULL, NULL }, { 3, NULL, NULL } };

void Tree( NODE *p ) ;

int main( void )
{
    x[0].left = &x[1] ; x[0].right = &x[2] ;
    x[1].left = &x[3] ; x[1].right = &x[4] ;
    x[2].left = &x[5] ; x[2].right = &x[6] ;
    Tree( x ) ;
    return 0 ;
}

void Tree( NODE *p )
{
    if( p == NULL ) return ;
    Tree( p->left ) ;
    printf( "%d,", p->data ) ;
    Tree( p->right ) ;
}
```

ツリー構造
（2分木）

結果予想

Q14_3 Step A

例14-3 の実行結果を予想せよ。

●ネットワーク構造（グラフ）

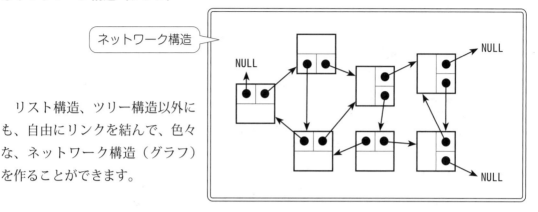

ネットワーク構造

　リスト構造、ツリー構造以外にも、自由にリンクを結んで、色々な、ネットワーク構造（グラフ）を作ることができます。

Q14_4　Step B

　構造体でデータ構造を作り、例えば下の図のように「質問を表示して、YES または NO の回答に応じて次の質問に移り、最後に結論を表示する診断システム」を作れ。

　ただし、下の図は一例なので、内容やリンク（つながり）は自由に設計すること。

　例）資格審査、故障診断、チェック項目、意思決定支援、植物の分類、占いなど

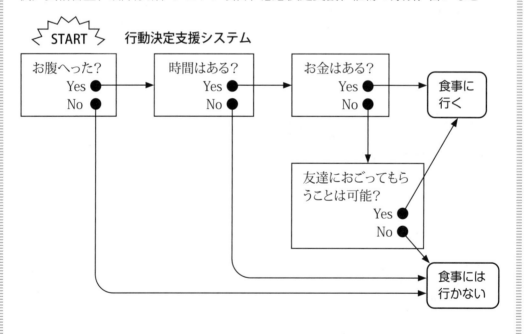

注意
実際は食事は規則的に摂るようお勧めします。

解答例 p.152

14.2 メモリの動的割り当て

　必要とするデータの数がわかっている場合は必要な数だけの領域（箱）を用意すればよい
のですが、そうでない場合は、配列の要素数を十分に（余分に）用意しておく必要がありま
した。もちろん、それでもよいのですが、実は、あらかじめ変数を用意しておくのではなく
プログラム動作時にメモリの領域を必要なだけ（余分なく）確保することもできるのです。
これを**メモリの動的割り当て**と言います。

例 14-4　メモリの動的割り当て

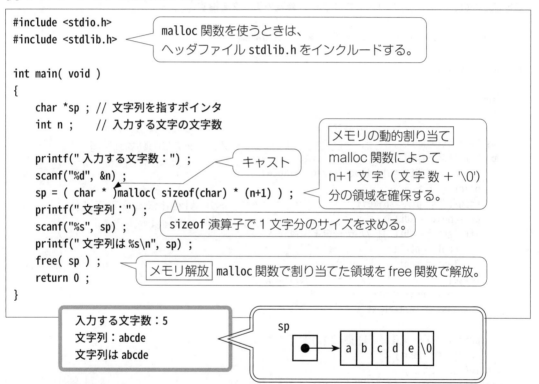

```
#include <stdio.h>
#include <stdlib.h>                    malloc 関数を使うときは、
                                       ヘッダファイル stdlib.h をインクルードする。

int main( void )
{
    char *sp ; // 文字列を指すポインタ
    int n ;     // 入力する文字の文字数

                                            メモリの動的割り当て
    printf(" 入力する文字数：") ;           malloc 関数によって
    scanf("%d", &n) ;          キャスト    n+1 文字（文字数 + '\0'）
    sp = ( char * )malloc( sizeof(char) * (n+1) ) ;   分の領域を確保する。
    printf(" 文字列：") ;
    scanf("%s", sp) ;         sizeof 演算子で 1 文字分のサイズを求める。
    printf(" 文字列は %s\n", sp) ;
    free( sp ) ;
    return 0 ;      メモリ解放 malloc 関数で割り当てた領域を free 関数で解放。
}
```

入力する文字数：5
文字列：abcde
文字列は abcde

sp → | a | b | c | d | e | \0 |

Q14_5 Step B

　整数型の配列（要素数はキーボード入力）の領域を動的に割り当て、適当な値を入れて表示せよ。使用後に領域を解放すること。また、このプログラムを改造して、n
行 m 列（n と m の値をキー入力）の 2 次元配列のように使用できるようにせよ。
　ヒント 2 次元配列 a[n][m] の要素 a[i][j] は、1 次元配列で a[i*m+j] とすれば代
　用できる。

解答例 p.154

　例 14-5 では、構造体に動的にメモリを割り当て、動的にデータ構造を作ります。

例 14-5　動的なリスト構造（メモリの動的割り当てによる）

```c
#include <stdio.h>
#include <stdlib.h>

typedef struct ningen {
    char    shimei[31] ;     // 氏名
    struct ningen *next ;   // 次のデータを指すポインタ
} NINGEN ;

NINGEN *root, *last ; // リストのはじめ，最後のデータを指す

void FreeData( NINGEN *ptr ) ; // データリストの解放

int main( void )
{
    NINGEN *ptr ;
    int ans ;

    last = root = NULL ;
    do{  // リスト作成
        ptr = ( NINGEN * )malloc( sizeof(NINGEN) ) ;
        printf(" 氏名入力 : ") ;
        scanf("%s",ptr->shimei) ;
        ptr->next = NULL ;
        if( last == NULL ){ // データ 1 個目
            root = ptr ;
            last = root ;
        }else{                 // データ 2 個目以降
            last->next = ptr ;
            last = last->next ;
        }
        printf(" データ登録 [1] 継続 [2] 終了 : ") ;
        scanf("%d",&ans) ;
    }while( ans != 2 ) ;
    for( ptr = root ; ptr != NULL ; ptr = ptr->next ){
        printf( "%s\n", ptr->shimei ) ; // リスト表示
    }
    FreeData( root ) ; // リストの解放
    return 0 ;
}
void FreeData( NINGEN *ptr )
{
    if( ptr == NULL ){
        return ;
    }
    FreeData( ptr->next ) ;
    free( ptr ) ;
}
```

> データ構造のイメージ図は次のページ　図を描け

> キャスト

> malloc 関数によるメモリの動的割り当て

> sizeof 演算子で構造体のサイズを求める。

> 再帰

> free 関数によるメモリの解放

例 14-5 のプログラム実行時のデータ構造の変化

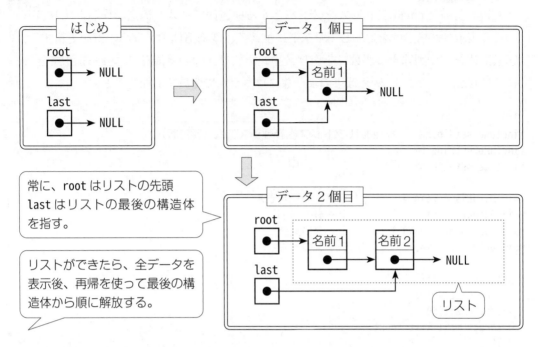

要点　■メモリの動的割り当てと解放

■メモリの動的割り当て

| malloc 関数 |　void *malloc(int size) 機能：size バイトのメモリ割り当て。

インクルードは stdlib.h。引数で指定されたサイズ（Byte）の領域を確保し、領域の先頭アドレスを返す。返却値は、void * 型（何型を指すか未定のポインタ）なので、キャスト（型変換）して使用する。

```
KOZO *ptr ;
ptr = ( KOZO * )malloc( sizeof( KOZO ) ) ;
ここで割り当てたメモリ領域を利用する
free( ptr ) ;
```

■メモリの解放

| free 関数 |　void free(void * ptr)　機能：ptr が指す領域のメモリを解放。

malloc 関数によって割り当てた領域を、解放する（他の目的に使える状態に戻す）。インクルードは stdlib.h。引数は malloc 関数で割り当てた領域を指すポインタ。

Q14_6 Step B

氏名と身長をメンバとする構造体で動的にリスト構造を作りながら、氏名に "END" と入力されるまで氏名と身長のデータを受け付けた後、最も高身長の人を表示せよ。

解答例 p.154

Q14_7 `Step C`

　友達の名前と email アドレスをメンバとする構造体でリスト構造を作る。①リスト
の一覧表示、②構造体を追加してリストに加える、③構造体のメンバの値を更新する、
④構造体を 1 つ削除する関数、を作りメイン関数で 4 つの機能をメニュー選択できる
ようにせよ。　ヒント 例えば下のようなプログラムに関数を追加するとよい。

```c
#include <stdio.h>       // email アドレス帳管理システム（暫定版）
#include <string.h>
#include <stdlib.h>

void DisplList( void );     // リストの一覧表示
void AddData( void ) ;      // データの追加
void ModifyData( void ) ;   // データの更新
void DelData( void ) ;      // データの削除

typedef struct mail_list{
    char name[40] ;
    char email[50] ;
    struct mail_list *next ;
} MAIL ;

MAIL * root = NULL ;

int main( void )
{
    int menu ;
    int flg = 1 ;

    printf(" 電子メールアドレス帳 \n") ;
    while( flg ){
        printf("[0] 終了  [1] リスト表示  [2] 追加  [3] 更新  [4] 削除 :") ;
        scanf("%d",&menu) ;
        switch( menu ){
          case 0 :   flg = 0 ;         break ;
          case 1 :   DisplList() ;     break ;
          case 2 :   AddData() ;       break ;
          case 3 :   ModifyData() ;    break ;
          case 4 :   DelData() ;       break ;
          default :  printf(" 入力エラー ") ;
        }
    }
    return 0 ;
}
```

このつづきを作ろう

参照 このつづきの例も含めて第 15 章でバージョンアップします。

●ファイルにデータを保存したり、保存ずみデータを読み込みます。
●ファイルの読み書きの「モード」指定について理解します。
● 1 バイトごとのファイルの読み書きについても学びます。
●データを保存・再利用する機能を持った応用プログラムを完成します。

データを、ファイルに保存したり、保存ずみのファイルから読み込むプログラムを作りましょう。手順は、ファイルを「①開く、②読み書きする、③閉じる」です。

例 15-1 ファイルに文字列を書き出す

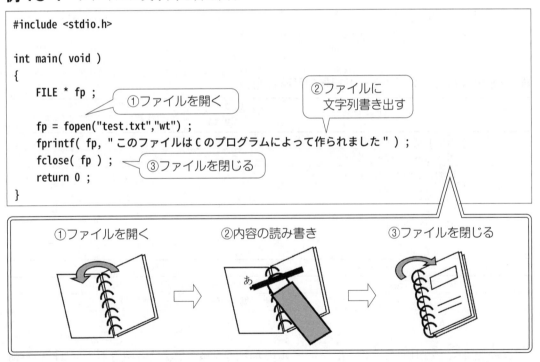

```
#include <stdio.h>

int main( void )
{
    FILE * fp ;                  ①ファイルを開く        ②ファイルに
                                                          文字列書き出す
    fp = fopen("test.txt","wt") ;
    fprintf( fp, " このファイルは C のプログラムによって作られました " ) ;
    fclose( fp ) ;    ③ファイルを閉じる
    return 0 ;
}
```

①ファイルを開く　　②内容の読み書き　　③ファイルを閉じる

例 15-1 では、①まず、test.txt という名のファイルを開いています。この場合「ファイルを開く」と、既に test.txt という名のファイルが存在すればそのファイルが、なければファイルが新たに作られて、書き込み可能な状態になります。ファイルを開くとファイルの場所などの情報が FILE 型の構造体に納められるので、そのアドレス（fopen 関数の返却値）を、**ファイルポインタ**（ここでは fp）に代入しておき、②ファイルへの文字の書き出しや、その後③ファイルを閉じるときに使います。

要点　■ファイル操作の手順

ファイルを、
　　①開く、②読み書きする、③閉じる
それぞれ以下に詳しく説明します。

```
FILE *fp ;
fp = fopen( " ファイル名 ","wt" ) ;
ここで fp が指すファイルを読み書き
fclose( fp ) ;
```

①ファイルを開く

ファイルを開くには fopen 関数を使います。インクルードファイルは stdio.h です。

fopen 関数　　FILE * fopen(char * filename, char * mode)

第 1 引数は、開くファイルのファイル名、第 2 引数は開いたファイルをどう扱うかを指定するファイルモードです。例えば、fopen("test.txt","wt") ; とすれば、test.txt という名前のファイルを、w と t のモードで開きます。w はファイルを書き込みモードで開くことを、t はファイルをテキストファイルとして扱うことを指定するものです。**ファイルモード**は、読み書きの方法を指定する r,w,a,r+,w+,a+ と、ファイルの種類を表す t または b の組み合わせで、"wt"、"w+t" などと表します。テキストモードを表す t は省略可能で、単に "w" としたときは "wt" と同じ意味になります。

表　fopen 関数のファイルモード記号の意味と働き

記号	モード名	新規ファイル（書き）	既存ファイル（書き）	既存ファイル（読み）
r	読み取り（read）モード	×	×	○
w	書き込み（write）モード	○	○上書	×
a	追加書き込み（append）モード	○	○追加	×
r+	読み取り更新モード	×	○上書	○
w+	更新モード	○	○上書	○
a+	追加更新モード	○	○追加	○

（○操作可能　×操作はエラーとなる）

記号	モード名	意味
t	テキスト（text）モード	文字コードデータを内容とするファイル
b	バイナリ（binary）モード	文字以外のデータを内容とするファイル

fopen 関数の返却値は、開いたファイルの場所などの情報が格納された FILE 型の構造体を指すアドレス値です。例えば FILE *fp; のように**ファイルポインタ**を宣言し、fp = fopen("test.txt", "rt"); のように、返却値を代入しておきます。

ファイルポインタは、ファイルの読み書きや、ファイルを閉じるときに必要です。

なお、ファイルを開くことに失敗した場合、fopen 関数は NULL を返します。ファイルが開けなければ、読み書きも失敗し、ファイルを閉じる操作も意味がありません。そこで、**例15-1** は、**例15-2** のように、エラー処理をつける方がよいでしょう。

例15-2　ファイルに文字列を書き出す：ファイルオープンのエラー処理つき

```
#include <stdio.h>
#include <stdlib.h>        ← exit 関数を使うために stdlib.h をインクルード

int main( void )
{
    FILE *fp ;
                                        exit 関数が実行された時点
                                        でプログラム強制終了。引
    if( ( fp = fopen("test.txt","wt") ) == NULL ){    数 1 はエラー終了、0 が正
        printf(" ファイルオープンエラー \n") ;        常終了（本書の範囲では関
        exit(1) ;  ←                                 係ない）。
    }
    fprintf( fp, " このファイルは C のプログラムによって作られました " ) ;
    fclose( fp ) ;
    return 0 ;   ← main 関数内では return 0; と exit(0); は同じ働き
}
```

②ファイルの読み書き

　ファイルへの文字列の書き出しには fprintf 関数 、読み込みには fscanf 関数 が使えます。fscanf 関数も fprintf 関数も第 1 引数にファイルポインタを指定する以外は、scanf 関数や printf 関数と同じ使い方です。

　これらの関数で読み書きをすると、そのぶん自動的にファイルポインタが進みます。例えば、fprintf(fp,"C 言語は "); に続けて fprintf(fp," 楽しいな "); を実行すれば、ファイルには「C 言語は楽しいな」と書き出されます。

　また、1 バイトごとの書き出しには fputc 関数 、読み込みには fgetc 関数 などが使えます。

③ファイルを閉じる

　ファイルの読み書きなどが終わったらファイルは閉じましょう。ファイルを閉じるには fclose 関数 を使います。fclose(fp); とすれば、引数で指定したファイルポインタが指すファイルを閉じることができます。

Q15_1 　Step A

　例15-2 を実行し、ファイルが期待通り生成されたかファイルの内容を確認せよ。

例 15-3　テキストファイルからデータを読み込む

```
#include <stdio.h>
#include <stdlib.h>

int main( void )
{
    char filename[] = "Weather.txt" ;
    FILE *fp ;
    char place[30] ;
    int month, day ;
    char weather[50] ;
    double LowTemp, HighTemp ;

    if( ( fp = fopen(filename,"rt") ) == NULL ){
        printf(" ファイルオープンエラー \n") ;
        exit(1) ;
    }
    fscanf(fp,"%s %d %d %s %lf %lf",
            place,&month,&day,weather,&LowTemp,&HighTemp) ;
    fclose( fp ) ;
    printf("%d 月 %d 日の %s の天気は「%s」\n",month,day,place,weather) ;
    printf(" 最高気温：%.1lf 度、最低気温：%.1lf 度 \n",HighTemp,LowTemp) ;
    return 0 ;
}
```

> データファイル Weather.txt
> 東京 8 15 晴れ 24.5 35.2　←── 改行
> ↑↑ ↑ ↑ ↑ ↑
> └─ 半角スペース

> fscanf 関数は、半角スペースや改行（\n）を文字列の区切りとして扱う。

> 8 月 15 日の東京の天気は「晴れ」
> 最高気温：35.2 度、最低気温：24.5 度

　fprintf 関数で、%d と指定すれば int 型の 10 進整数を、%lf と指定すれば double 型の実数、%c なら半角文字、%s なら文字列を、全て 1 つの文字列に変換してファイルに書き出します。文字列内の半角スペース ' ' や改行コード '\n' も書き出します。

　fscanf 関数は、ファイルから読み込んだ文字列を、%d や %lf で指定すれば数値に変換します。半角スペースや改行コードは読み込む文字列の区切りとなります。

Q15_2　Step B
　キーボードから入力したファイル名のファイルをオープンし、キーボードから入力した文字列をファイルに書き出せ。既存のファイルから読み込む機能も追加せよ。
　解答例 p.156

Q15_3　Step B
　Q9_5 で、ガチャ 1 回ごとに、実施回数とアイテム数をセーブ／ロード可能にせよ。
　解答例 p.157

例15-4 漢字読み学習アプリ：データファイル利用版　参照　例10-6　Q13_5

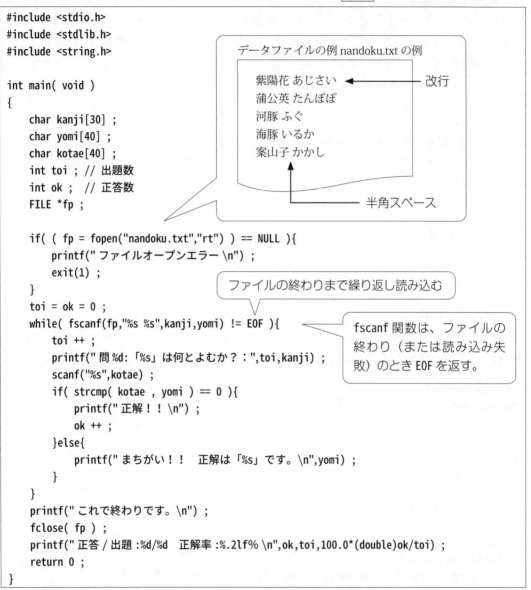

```
#include <stdio.h>
#include <stdlib.h>
#include <string.h>

int main( void )
{
    char kanji[30] ;
    char yomi[40] ;
    char kotae[40] ;
    int toi ;  // 出題数
    int ok ;   // 正答数
    FILE *fp ;

    if( ( fp = fopen("nandoku.txt","rt") ) == NULL ){
        printf(" ファイルオープンエラー \n") ;
        exit(1) ;
    }
    toi = ok = 0 ;
    while( fscanf(fp,"%s %s",kanji,yomi) != EOF ){
        toi ++ ;
        printf(" 問 %d：「%s」は何とよむか？ :",toi,kanji) ;
        scanf("%s",kotae) ;
        if( strcmp( kotae , yomi ) == 0 ){
            printf(" 正解！！ \n") ;
            ok ++ ;
        }else{
            printf(" まちがい！！　正解は「%s」です。\n",yomi) ;
        }
    }
    printf(" これで終わりです。\n") ;
    fclose( fp ) ;
    printf(" 正答 / 出題 :%d/%d　正解率 :%.2lf% \n",ok,toi,100.0*(double)ok/toi) ;
    return 0 ;
}
```

データファイルの例 nandoku.txt の例

紫陽花 あじさい　←　改行
蒲公英 たんぽぽ
河豚 ふぐ
海豚 いるか
案山子 かかし
　　半角スペース

ファイルの終わりまで繰り返し読み込む

fscanf 関数は、ファイルの終わり（または読み込み失敗）のとき EOF を返す。

解説　ソースファイルとは別に、nandoku.txt という名のデータファイルをあらかじめエディタなどで作っておく。データファイルに「漢字」と「読み」を、半角スペースで区切って書いておき、fscanf 関数で 1 行ずつ読み込んで使う。

要点　■ファイルの終端
ファイルの終端は、EOF と定義されている。　　ファイルの終わりは EOF
EOF: End Of File（ファイルの終わり）

Q15_4　Step B

　あらかじめテキストファイルに「氏名 身長」のデータを何件か書いて保存しておき、そのデータファイルから氏名と身長のデータを読み込み、データ件数、身長の平均、身長が最も高い人（複数いる場合はじめの 1 人だけ）の氏名を表示せよ。

データファイルの例

```
近石昭吾 168.9        ← 改行
長沢由美 150.7
手塚良仙 171.5
野崎舞利 153.8
星光一 178.2
戸隠美穂 165.3
      ⋮
```

半角スペース

fscanf 関数で読み込む場合、半角スペースや改行コードはデータの区切りとみなされる。

注意 姓と名の間に半角スペースを入れると 2 つのデータにわかれてしまう。全角スペースなら大丈夫。

解答例 p.160

例 15-5　ファイルの内容を画面に表示する：1 バイトごとのファイル読み書き

```c
#include <stdio.h>
#include <stdlib.h>

int main( void )
{
    FILE *fp ;
    int c ;
    char filename[30] ;

    printf(" ファイル名：") ;
    scanf("%s",filename) ;
    if( ( fp = fopen(filename,"rt") ) == NULL ){
        printf(" ファイルオープンエラー \n") ;
        exit(1) ;
    }
    while( ( c = fgetc( fp ) ) != EOF ){
        putchar(c) ;
    }
    printf("\n") ;
    fclose( fp ) ;
    return 0 ;
}
```

fgetc(fp) は、ファイルからの 1 文字読み込み。
fgetc 関数は半角スペースも改行コードもそのまま読み込む。

EOF (End Of File) は、ファイルの終端。
ファイルの終わりは EOF

putchar(c) は、1 文字の画面表示。
printf("%c",c) ; としても同じ。

Q15_5 Step B

　指定したファイル名のテキストファイルの内容を読んで、各行の先頭に行番号をつけて画面表示するプログラムを作り、適当な C のソースファイルを表示せよ。

　ヒント 改行コードは '\n'。

解答例 p.161

Q15_6 Step B

　テキストファイルを暗号化して別のファイルにコピーする機能と、暗号ファイルを解読する機能をもつ暗号ソフトを作れ。

　ヒント 暗号化は、例えば ASCII コードをシフトさせる等すればよい。

解答例 p.161

Q15_7 Step C

　Q14_7 の email アドレス帳管理システムに、データをファイルに出力する関数と、データをファイルから読み込む関数を追加して、バージョンアップせよ。

　また、作ったソフトを使ってみて、さらに便利で役立つソフトにするためのバージョンアップ案をまとめよ。

例 15-6 email アドレス帳管理システムの例

```
// email アドレス帳管理システム（Ver.2）
#include <stdio.h>
#include <string.h>
#include <stdlib.h>

typedef struct mail_list{
    char name[40] ;
    char email[50] ;
    struct mail_list *next ;
} MAIL ;

void DisplList( void );        // リストの一覧表示
void AddData( void ) ;         // データの追加
void ModifyData( void ) ;      // データの更新
void DelData( void ) ;         // データの削除
void SaveList( void ) ;        // リストのファイル保存
void LoadList( void ) ;        // リストをファイルから読み込む
void DelList( MAIL *ptr ) ;    // リスト（全データ）の削除

MAIL * root = NULL ;
```

```
int main( void )
{
    int menu ;
    int flg = 1 ;

    printf(" 電子メールアドレス帳 \n") ;
    while( flg ){
        printf("[0] 終了 [1] 一覧 [2] 追加 [3] 更新 [4] 削除 [5] 保存 [6] 読込 :");
        scanf("%d",&menu) ;
        switch( menu ){
          case 0 :   flg = 0 ;        break ;
          case 1 :   DispList() ;     break ;
          case 2 :   AddData() ;      break ;
          case 3 :   ModifyData() ;   break ;
          case 4 :   DelData() ;      break ;
          case 5 :   SaveList() ;     break ;
          case 6 :   LoadList() ;     break ;
          default :  printf(" 入力エラー ") ;
        }
    }
    return 0 ;
}

void DispList( void )
{
    MAIL *ptr ;
    int no = 0 ;

    for( ptr = root ; ptr != NULL ; ptr = ptr->next ){
        no++ ;
        printf("(%2d)%20s %s\n",no,ptr->name,ptr->email) ;
    }
}

void AddData( void )
{
    char shimei[40] ;
    char emailad[50] ;
    MAIL *ptr, *p_ptr ;

    printf(" 氏名 :") ;
    scanf("%s",shimei) ;
    printf("email アドレス :") ;
    scanf("%s",emailad) ;
    ptr = ( MAIL* )malloc( sizeof(MAIL) ) ;
    if( ptr == NULL ){
        printf(" 領域割り当てエラー \n") ;
        return ;
```

```
        }
        strcpy(ptr->name,shimei) ;
        strcpy(ptr->email,emailad) ;
        ptr->next = NULL ;
        if( root == NULL ){
            root = ptr ;
        }else{
            for( p_ptr = root ; p_ptr->next != NULL ; p_ptr = p_ptr->next ) ;
            p_ptr->next = ptr ;
        }
}

void ModifyData( void )
{
        char shimei[40] ;
        char emailad[50] ;
        MAIL *ptr ;
        int no = 0 ;
        int i ;

        DispList() ;
        printf(" 更新するデータの番号：") ;
        scanf("%d",&no) ;
        ptr = root ;
        for( i = 0 ; i < no-1 ; i ++ ){
            ptr = ptr->next ;
        }
        printf("(%2d)%20s %s\n",no,ptr->name,ptr->email) ;
        printf(" 氏名：") ;
        scanf("%s",shimei) ;
        printf("E-mail アドレス：") ;
        scanf("%s",emailad) ;
        strcpy(ptr->name,shimei) ;
        strcpy(ptr->email,emailad) ;
}

void DelData( void )
{
        int no, i ;
        MAIL *ptr, *p_ptr ;

        DispList() ;
        printf(" 削除するデータの番号：") ;
        scanf("%d",&no) ;
        if( no == 1 ){
            ptr = root ;
            root = root->next ;
        }else{
```

> データ構造の変化を図示してください。 図を描け

121

121

```
        p_ptr = root ;
        for( i = 2 ; i < no ; i ++ ){
            p_ptr = p_ptr->next ;
        }
        ptr = p_ptr->next ;
        p_ptr->next = p_ptr->next->next ;
    }
    free(ptr) ;
}

void SaveList( void )
{
    MAIL *ptr ;
    FILE *fp ;
    char fname[20] ;

    printf(" ファイル名：") ;
    scanf("%s",fname) ;
    if( ( fp = fopen(fname,"wt") )==NULL ){
        printf(" ファイルオープンエラー \n") ;
        return ;
    }
    for( ptr = root ; ptr != NULL ; ptr = ptr->next ){
        fprintf(fp,"%s %s\n",ptr->name,ptr->email) ;
    }
    fclose( fp ) ;
}

void DelList( MAIL *ptr )
{
    if( ptr == NULL ){
        return ;
    }
    DelList( ptr->next ) ;      ← 再帰
    free( ptr ) ;
}

void LoadList( void )
{
    int ans ;
    FILE *fp ;
    MAIL *ptr, *p_ptr ;
    char namedata[40], maildata[50] ;
    char fname[20] ;

    printf(" ファイル名：") ;
    scanf("%s",fname) ;
    if( ( fp = fopen(fname,"rt") )==NULL ){
```

```
        printf(" ファイルオープンエラー \n") ;
        return ;
    }
    if( root != NULL ){
        printf(" 現在のデータが失われますがよろしいですか [1]OK [2] 取消 :") ;
        scanf("%d",&ans) ;
        if( ans != 1 ){
            fclose( fp ) ;
            return ;
        }
    }
    DelList(root) ;
    root = NULL ;
    while( fscanf(fp,"%s %s\n",namedata,maildata) != EOF ){
        ptr = (MAIL*)malloc(sizeof(MAIL)) ;
        strcpy(ptr->name,namedata) ;
        strcpy(ptr->email,maildata) ;
        ptr->next = NULL ;
        if( root == NULL ){
            root = p_ptr = ptr ;
        }else{
            p_ptr->next = ptr ;
            p_ptr = ptr ;
        }
    }
    fclose( fp ) ;
}
```

Q15_8 Step C

各自のアイデアで、ソフトウェアを企画し、プログラムを作れ。

これまでに学んでマスターしたプログラミング技術によって、あなたのアイデアが、すばらしいソフトウェアとして実を結びますように。

演習問題 Step B の解答例と解説

　ここに記すのは、解答の一例にすぎません。プログラムの書き方はひととおりではありません。まずは、自分で考えたプログラムを大切にしてください。ただし、プログラムは読みやすく書く必要があります。とっぴな書き方を避け標準的な書き方を身につけるために、解答例も参考にしてください。

　なお、与えられた問題の解答そのものではなく、本文での説明から想定される解答とは異なる別解や、出題とは少し違うプログラムを参考例として掲載している場合もあります。

　また、ここでも、説明を吹き出しに、実行画面の例を囲みに示しました。

凡例：

ソースプログラム
の説明

実行画面の例

第1章　さっそくプログラミング

Q1_3

```
#include <stdio.h>

int main( void )
{
    printf(" 真実は、\n") ;
    printf(" いつも、\n") ;
    printf(" ひとつ！\n") ;
    return 0 ;
}
```

真実は、
いつも、
ひとつ！

printf(" 真実は、\n いつも、\n ひとつ！\n");
のように１つの printf 関数に書いても結果は
同じです。

Q1_5

```
// ブタくんの顔文字を表示
#include <stdio.h>

int main( void )
{
    printf("   ヘ___ヘ \n") ;
    printf(" M／・(OO)・＼M \n") ;

    return 0 ;
}
```

内容を表すコメント

1 行あける。

{}内は 4 文字分下げてそろえる。

1 行あけるとよい。

{ と同じ列に書く。

125

第2章　変数と値

Q2_3

```c
#include <stdio.h>

int main( void )
{
    int    seisu = 3 ;
    double jissu = 2.6 ;
    char   moji = 'A' ;

    printf("seisu の値は %d\n",seisu) ;
    printf("jissu の値は %lf\n",jissu) ;
    printf("moji の値は %c\n",moji) ;
    return 0 ;
}
```

> ついでに3つの
> printf 関数に分けてみました。

Q2_6

```c
#include <stdio.h>
#include <stdlib.h>
#include <time.h>

int main( void )
{
    int num ;

    srand((unsigned)time(NULL)) ;
    printf(" サイコロの目は、") ;
    num = 1+rand()%6 ; //1〜6の乱数
    printf("%d\n",num) ;
    return 0 ;
}
```

> 「%6」は「6で割った余り」。0〜5の値。
> これを1に足した値は1〜6の値となる。
> 「+」は足し算。
> 演算子については第3章で学びます。

第3章　演算と演算子

Q3_2

```c
#include <stdio.h>

int main( void )
{
    int num ; // 購入枚数
    int total /* 合計金額 */, pay /* 支払い */, change /* お釣り */ ;
```

```
    printf(" チッケトの購入枚数：") ;
    scanf("%d",&num) ;
    total = 1500*num ;
    printf(" 合計金額は %d 円です \n",total) ;
    printf(" 支払い額（円）:") ;
    scanf("%d",&pay) ;
    printf(" お釣りは %d 円です \n",pay-total) ; // 足りない場合は負の値
    return 0 ;
}
```

Q3_3 ||||||||||||||||||||||||||||||||||||||||||||||||||||||||||||||||||||||||||||||||||||||||||||||||||||||

```
#include <stdio.h>

int main( void )
{
    int su1, su2 ;

    printf(" 整数を 2 つ入力（ 例 10,4 ):") ;
    scanf("%d,%d",&su1,&su2) ;
    printf("%d ÷ %d = %d…%d\n",su1,su2,su1/su2,su1%su2) ;
    return 0 ;
}
```

> 整数を 2 つ入力（ 例 10,4):7,3
> 7 ÷ 3 = 2…1

> 「,」（カンマ）で区切って、
> 2 数を入力

Q3_4 ||||||||||||||||||||||||||||||||||||||||||||||||||||||||||||||||||||||||||||||||||||||||||||||||||||||

```
#include <stdio.h>

int main( void )
{
    int zeinuki, zeikomi ;
    double zeiritsu ; // 税率 (%)

    printf(" 税抜き本体価格（円）:") ;
    scanf("%d",&zeinuki) ;
    printf(" 税率（%）:") ;
    scanf("%lf",&zeiritsu) ;
    zeikomi = zeinuki + (int)(zeinuki*zeiritsu/100.0) ;
    printf(" 税込み価格は %d 円です \n",zeikomi) ;

    return 0 ;
}
```

> 逆に、税込み価格を入力させて
> 税金分と本体価格を求めるには？

> zeikomi = (int)(zeinuki*(1.0+zeiritsu/100.0)) ;
> などでもよい。

Q3_6

```
#include <stdio.h>

int main( void )
{
    int kakaku ;
    double zeiritsu ; // 税率（%）

    printf(" 税抜き本体価格（円）:") ;
    scanf("%d",&kakaku) ;
    printf(" 税率（%）:") ;
    scanf("%lf",&zeiritsu) ;
    kakaku += (int)(kakaku*zeiritsu/100.0) ;
    printf(" 税込み価格は %d 円です \n",kakaku) ;

    return 0 ;
}
```

> kakaku = kakaku+(int)(kakaku*zeiritsu/100.0) ;
> と同じ。

> kakaku *= (1.0+zeiritsu/100.0) ;
> などでもよい。

第4章　制御構造 (1)　分岐

Q4_2

```
#include <stdio.h>

int main( void )
{
    int toshi ;

    printf(" 年齢を入力してください:") ;
    scanf("%d",&toshi) ;
    if( tosi < 18 ){
        printf("18 歳未満の方は入場できません。\n") ;
    }
    return 0 ;
}
```

> 年齢を入力してください : 15
> 18 歳未満の方は入場できません。

> 注意 18 歳以上の値を入力した
> 場合は何も表示されません。

Q4_3

```
#include <stdio.h>

int main( void )
{
    int toshi ;

    printf(" 年齢を入力してください:") ;
```

> 年齢を入力してください : 70
> ご入場は無料です。

```
    scanf("%d",&toshi) ;
    if( toshi < 3 || toshi >= 70 ){
        printf(" ご入場は無料です。\n") ;
    }
    return 0 ;
}
```

> 3歳以上70歳未満の場合は何も表示されません。

Q4_4 ||||||||||||||||||||||||||||||||||||||||||||||||||||||||||||||||||||||||||||||||||||||||||||||||||||

```
#include <stdio.h>

int main ( void )
{
    int kotae ;

    printf(" C言語という呼び名の由来は？\n") ;
    printf(" 1. ＡＢＣの順にステップアップするから\n") ;
    printf(" 2. Ｂ言語をもとに作られた言語だから\n") ;
    printf(" 3. ビタミンＣのように元気が出るから\n") ;
    printf("1～3の番号で回答：") ;
    scanf("%d",&kotae) ;
    if( kotae == 2){
        printf(" 正解 !!\n") ;
    }else{
        printf(" 残念でした \n") ;
    }
    return 0 ;
}
```

Q4_6 ||||||||||||||||||||||||||||||||||||||||||||||||||||||||||||||||||||||||||||||||||||||||||||||||||||

```
    #include <stdio.h>

int main( void )
{
    double height , weight , bmi ;

    printf(" 身長 (cm) を入力してください：") ;
    scanf("%lf",&height) ;
    printf(" 体重 (kg) を入力してください：") ;
    scanf("%lf",&weight) ;
    /* BMI ＝体重 (kg) ÷ (身長 (m) ×身長 (m)) */
    bmi = weight/((height/100.)*(height/100.)) ;
    printf("BMI:%.1lf  ",bmi) ;
    if( bmi < 18.5 ){
        printf(" 低体重 \n") ;
    }else if( bmi < 25. ){
```

> 「100.」は「100.0」と同じ。この場合は「100」と書いても自動的に double 型に合わせられる。

> 少数以下1桁表示。

```
        printf(" 普通体重 \n") ;
    }else if( bmi < 30. ){
        printf(" 肥満（1 度）\n") ;
    }else if( bmi < 35. ){
        printf(" 肥満（2 度）\n") ;
    }else if( bmi < 40. ){
        printf(" 肥満（3 度）\n") ;
    }else{
        printf(" 肥満（4 度）\n") ;
    }
    return 0 ;
}
```

Q4_9 ||||||||||||||||||||||||||||||||||||||||||||||||||||||||||||||||||||||||||||||||||||||||||||||||||

```
#include <stdio.h>

int main( void )
{
    double kazu1, kazu2, kotae ;
    int enzan ;

    printf(" 実数を 2 つ入力（例 1.5,2.3）：") ;
    scanf("%lf,%lf",&kazu1,&kazu2) ;
    printf("1. 足し算 2. 引き算 3. かけ算 4. 割り算（1 ～ 4）：") ;
    scanf("%d",&enzan) ;
    switch( enzan ){
      case 1 : kotae = kazu1 + kazu2 ;    break ;
      case 2 : kotae = kazu1 - kazu2 ;    break ;
      case 3 : kotae = kazu1 * kazu2 ;    break ;
      case 4 : kotae = kazu1 / kazu2 ;    break ;
      default: printf(" 入力エラー！  ") ; kotae = 0.0 ;
    }
    printf(" 演算結果は、%lf です。\n",kotae) ;
    return 0 ;
}
```

第 5 章　制御構造 (2)　反復

Q5_2 ||||||||||||||||||||||||||||||||||||||||||||||||||||||||||||||||||||||||||||||||||||||||||||||||||

```
#include <stdio.h>

int main( void )
{
```

```
    double gekkyu = 20.0 ;  // 月給（万円）
    int toshi = 22 ;         // 年齢（歳）
    double ritsu = 3.0 ;    // 昇給率（%）

    while( gekkyu < 50.0 ){
        gekkyu += ( gekkyu*ritsu/100. ) ;
        toshi++ ;
    }
    printf("%d 歳で月給 %.4lf 万円 \n",toshi,gekkyu) ;
    return 0 ;
}
```

初任給や昇給率を、
いろいろ変えて試そう。

printf 関数で途中経過
も表示してみるとよい。

Q5_3 |||||||||||||||||||||||||||||||||||||||||||||||||||||||||||||||||||||||||||||||||||||||||||||||||||||||||||||||||||||

```
#include <stdio.h>

int main( void )
{
    int bango ;

    do{
        printf(" 朝だぞ！起きろ！！\n") ;
        printf("1. 起きた  2. もう少し  3. 熟睡中    番号：") ;
        scanf("%d",&bango) ;
    }while( bango != 1 ) ;
    printf(" おはよう \n") ;
    return 0 ;
}
```

Q5_4 |||||||||||||||||||||||||||||||||||||||||||||||||||||||||||||||||||||||||||||||||||||||||||||||||||||||||||||||||||||

```
#include <stdio.h>

int main( void )
{
    double gekkyu ; // 月給（万円）
    int nen ;        // 勤続年数（年目）
    double ritsu ;  // 昇給率（%）

    printf(" 初任給（万円）(19 万 8 千円→ 19.8 と入力)：") ;
    scanf("%lf",&gekkyu) ;
    printf(" 昇給率（%）：") ;
    scanf("%lf",&ritsu) ;
    for( nen = 1 ; nen <= 30 ; nen++ ){
        printf(" 入社 %2d 年目の月給は %.4lf（万円）\n",nen,gekkyu) ;
        gekkyu += (gekkyu*ritsu/100.) ;
```

実行結果を
Q5_2 と比べてみよう。

初任給や昇給率も、
入力式にしてみました。

```
    }
    return 0 ;
}
```

Q5_6 ‖‖

```c
#include <stdio.h>

int main( void )
{
    int age, sum = 0 ;
    int num ;
    int i ;

    printf(" 人数：") ;
    scanf("%d",&num) ;
    for( i = 0 ; i < num ; i ++ ){
        printf("%d 人目の年齢：",i+1) ;
        scanf("%d",&age) ;
        sum += age ;
    }
    printf(" 平均年齢は %.2lf 歳 \n",(double)sum/(double)num) ;
    return 0 ;
}
```

> 人数：3
> 1 人目の年齢：19
> 2 人目の年齢：22
> 3 人目の年齢：20
> 平均年齢は 20.33 歳

Q5_7 ‖‖

```c
#include <stdio.h>

int main( void )
{
    int num ;
    int i ;
    int count = 0 ;

    printf(" 自然数：") ;
    scanf("%d",&num) ;
    for( i = 1 ; i <= num ; i ++ ){
        if( num % i == 0 ){
            printf("%d, ",i) ;
            count ++ ;
        }
    }
    printf("\n 約数は %d 個 \n",count) ;
    return 0 ;
}
```

> 自然数：12
> 1, 2, 3, 4, 6, 12,
> 約数は 6 個

Q6_2 |||||||||||||||||||||||||||||||||||||||||||||||||||||||||||||||||||||||||||||||||||||||||||||||||||||||||||||||||||||||||||||||||||||||||||||||||||||

```
#include <stdio.h>

int main( void )
{
    int bango ;

    while(1){
        printf(" 朝だぞ！起きろ！！\n") ;
        printf("1. 起きた　2. もう少し　3. 熟睡中　　番号：") ;
        scanf("%d",&bango) ;
        if( bango == 1 ){
            break ;
        }
    }
    printf(" おはよう \n") ;
    return 0 ;
}
```

Q6_5 |||||||||||||||||||||||||||||||||||||||||||||||||||||||||||||||||||||||||||||||||||||||||||||||||||||||||||||||||||||||||||||||||||||||||||||||||||||

```
#include <stdio.h>

int main( void )
{
    int ju, goju, hyaku ; /* 10,50,100 円硬貨の枚数 */
    int count = 0 ;

    for( ju = 0 ; ju <= 370/10 ; ju ++ ){
        for( goju = 0 ; goju <= 370/50  ; goju ++ ){
            for( hyaku = 0 ; hyaku < 370/100 ; hyaku ++ ){
                if( 10*ju+50*goju+100*hyaku == 370 ){
                    printf("10 円 :%d 50 円 %d 100 円 %d\n",ju,goju,hyaku);
                    count ++ ;
                }
            }
        }
    }
    printf(" 以上 %d 通り \n",count) ;
    return 0 ;
}
```

> 10yen のような数字ではじまる変数名は使えない。Num_10yen などは OK

> 0 枚も OK とする場合、20 通り見つかれば正解。

Q6_6

```
#include <stdio.h>

int main( void )
{
    int num ; // 素数かどうか調べる数
    int i ;

    for( num = 2 ; num <= 100 ; num++ ){
        for( i = 2 ; i < num ; i ++ ){
            if( num % i == 0 ){ // 素数でない
                break ;
            }
        }
        if( i == num ){ // 最後まで割り切れない場合は素数
            printf("%d, ",num) ;
        }
    }
    printf("\n") ;
    return 0 ;
}
```

> 他にも、例えば Q5_7 のように約数の個数を調べて「1とその数の2つしかない場合に素数とする」など色々な方法がある。

```
2, 3, 5, 7, 11, 13, 17, 19, 23,
29, 31, 37, 41, 43, 47, 53, 59,
61, 67, 71, 73, 79, 83, 89, 97,
```

第7章　関数（1）　関数をつくる

Q7_2

```
#include <stdio.h>

void PrintFig( void ) ;

int main( void )
{
    int i ;

    for( i = 0 ; i < 3 ; i ++ ){
        PrintFig() ;
    }
    return 0 ;
}

void PrintFig( void )
{
    printf(" |---------|\n") ;
    printf(" |  .   .  |\n") ;
    printf("( = ( o ) = )\n") ;
```

```
 |---------|
 |  .   .  |
( = ( o ) = )
 |    -    |
 |---------|
 |  .   .  |
( = ( o ) = )
 |    -    |
 |---------|
 |  .   .  |
( = ( o ) = )
 |    -    |
```

```
        printf(" |     -     |\n") ;
    }
```

Q7_5 ||||||||||||||||||||||||||||||||||||||||||||||||||||||||||||||||||||||||||||||||||||||||||||||||||||||||||||||||||||||

```c
#include <stdio.h>

int num ; // 素数かどうか判定する数
int judge ; // 判定結果 0: 素数でない 1: 素数

void isPrime( void ) ; //num が素数でないなら judge を 0、素数なら 1 にする

int main( void )
{
    for( num = 2 ; num <= 100 ; num++ ){
        isPrime() ;
        if( judge == 1 ){ // 素数
            printf("%d, ",num) ;
        }
    }
    printf("\n") ;
    return 0 ;
}

void isPrime( void )
{
    int i ;

    judge = 1 ;
    for( i=2 ; i<num ; i++){
        if( num%i == 0 ){ // 素数でない
            judge = 0 ;
            return ;
        }
    }
}
```

> 2, 3, 5, 7, 11, 13, 17, 19, 23,
> 29, 31, 37, 41, 43, 47, 53, 59,
> 61, 67, 71, 73, 79, 83, 89, 97,

第 8 章　関数（2）　引数と返却値

Q8_2 ||||||||||||||||||||||||||||||||||||||||||||||||||||||||||||||||||||||||||||||||||||||||||||||||||||||||||||||||||||||

```c
#include <stdio.h>

int isPrime( int n ) ; //n が素数でないなら 0、素数なら 1 を返す
```

```
int main( void )
{
    int num ;  // 素数かどうか判定する数

    for( num = 1 ; num <= 100 ; num++ ){
        if( isPrime(num) ){ // 素数
            printf("%d, ",num) ;
        }
    }
    printf("\n") ;
    return 0 ;
}


int isPrime( int n )
{
    int i ;

    if( n <= 1 ){ //1は
        return 0 ; // 素数ではない
    }
    for( i=2 ; i<n ; i++){
        if( n%i == 0 ){ // 割り切れたら
            return 0 ; // 素数でない
        }
    }
    return 1 ; // 素数
}
```

> 2, 3, 5, 7, 11, 13, 17, 19, 23, 29, 31, 37, 41, 43, 47, 53, 59, 61, 67, 71, 73, 79, 83, 89, 97,

> Q6_6、Q7_5と比べてみよう。関数、そして、関数の引数や返却値を利用する利点は何か。

> さらに、素数を求める「エラトステネスの篩（ふるい）」を第9章 **例 9-7** に掲載しています。

Q8_3

```
#include <stdio.h>

double Bmi( double h, double w ) ;
int EvalBmi( double bmi_val ) ;

int main( void )
{
    double height, weight ;

    printf(" 身長（cm）を入力してください：") ;
    scanf("%lf",&height) ;
    printf(" 体重（kg）を入力してください：") ;
    scanf("%lf",&weight) ;
    switch( EvalBmi(Bmi(height,weight)) ){
      case -1:
        printf(" 低体重：栄養を摂取しましょう。\n") ;
        break ;
```

```
    case 0:
      printf(" 普通体重 : 維持しましょう。\n") ;
      break ;
    case 1:
      printf(" 肥満（1 度）: 食事管理と運動を。\n") ;
      break ;
    case 2:
      printf(" 肥満（2 度）: 栄養指導を受けましょう。\n") ;
      break ;
    case 3:
      printf(" 肥満（3 度）: 医師に相談を。\n") ;
      break ;
    case 4:
      printf(" 肥満（4 度）: 治療しましょう。\n") ;
      break ;
    default:
      printf("error") ;
    }
    return 0 ;
}

double Bmi( double h, double w )
{   // BMI ＝体重 (kg) ÷（身長 (m) ×身長 (m))
    return( w/((h/100.)*(h/100.)) ) ;
}

int EvalBmi( double bmi_val )
{
    printf("BMI=%.1lf\n",bmi_val) ;
    if( bmi_val < 18.5 ) return -1 ;
    if( bmi_val < 25.0 ) return 0 ;
    if( bmi_val < 30.0 ) return 1 ;
    if( bmi_val < 35.0 ) return 2 ;
    if( bmi_val < 40.0 ) return 3 ;
    return 4 ;
}
```

注意 実際には医師など専門家のアドバイスに従ってください。

```
if( bmi_val < 18.5 ){
    return -1 ;
}
```
の {} を省略した。{} 内の処理が 1 文だけのとき省略できるが、ふつうは、むやみに省略しない方が読みやすい。

Q8_6

```
#include <stdio.h>

int Factorial( int n ) ;

int main( void )
{
    int num ;
```

```
    printf("0 以上の整数：") ;
    scanf("%d",&num) ;
    printf("%d の階乗は、%d\n",num,Factorial(num)) ;
    return 0 ;
}

int Factorial( int n )
{
    if( n == 0 ){
        return 1 ;
    }
    return( n*Factorial(n-1) ) ;
}
```

> このプログラムだと、負の数を入れると無限
> ループに陥る（Control+c で強制終了）。
> また、大きな数では int 型の表現範囲を超え
> てしまい、正しい答えが求められない。
> 参照：p.163 補足解説①

第9章　配列

Q9_2

```
#include <stdio.h>

int main( void )
{
    int num[3] ;
    int i ;

    for( i = 0 ; i < 3 ; i ++ ){
        printf("%d つ目の整数：",i+1) ;
        scanf("%d",&num[i]) ;
    }
    printf(" 逆順：") ;
    for( i = 0 ; i < 3 ; i ++ ){
        printf("%d, ",num[2-i]) ;
    }
    return 0 ;
}
```

> 1つ目の整数：2
> 2つ目の整数：4
> 3つ目の整数：6
> 逆順：6, 4, 2,

> これを整数値 5 個ぶんに。

Q9_3

```
#include <stdio.h>

int main( void )
{
    double taiju[100] ; // 体重 (kg)
    double sum ;        // 体重の合計値
    int ninzu ;         // データ件数
```

> 問題文では「身長」。

```
    int i ;

    printf(" 体重の値を 1 人分ずつ入力（100 人まで）。0 を入力すると終了 \n") ;
    for( ninzu = 0 ; ninzu < 100 ; ninzu ++ ){
        printf("%d 人目の体重 (kg)：",ninzu+1) ;
        scanf("%lf",&taiju[ninzu]) ;
        if( taiju[ninzu] == 0.0 ){
            break ;
        }
    }
    sum = 0.0 ;
    for( i = 0 ; i < ninzu ; i ++ ){
        sum += taiju[i] ;
    }
    if( ninzu > 0 ){ ◀───────  ゼロ除算エラーを避けるため。
        printf("%d 人の平均は %.2lf(kg)\n",ninzu,sum/(double)ninzu) ;
    }
    return 0 ;
}
```

注意 0（ゼロ）で割り算すると
エラーになる。（ゼロ除算エラー）

Q9_4

```
#include <stdio.h>

int main( void )
{                   // 体重 (kg)：データの終端は 0
    double taiju[100] = { 56.5, 73.8, 49.6, 66.8, 45.9, 0. } ;
    double sum ;  // 体重の合計値
    int ninzu ;   // データ件数
    int i ;

    for( ninzu = 0; taiju[ninzu] != 0. ; ninzu ++ ){
        printf("%d 人目の体重は %.1f(kg)\n",ninzu+1,taiju[ninzu]) ;
    }
    printf(" 体重の値を 1 人分ずつ追加（計 100 人まで）。0 を入力すると終了 \n") ;
    for( ; ninzu < 100 ; ninzu ++ ){
        printf("%d 人目の体重 (kg)：",ninzu+1) ;
        scanf("%lf",&taiju[ninzu]) ;
        if( taiju[ninzu] == 0.0 ){
            break ;
        }
    }
    sum = 0.0 ;
    for( i = 0 ; i < ninzu ; i ++ ){
        sum += taiju[i] ;
    }
```

```
    if( ninzu > 0 ){
        printf("%d 人の平均は %.2lf(kg)\n",ninzu,sum/(double)ninzu) ;
    }
    return 0 ;
}
```

Q9_5

```
#include <stdio.h>
#include <stdlib.h>
#include <time.h>

int Complete( void ) ;

int ItemCount[10] = { 0,0,0,0,0,0,0,0,0,0 } ;

int main( void )
{
    int item ; // アイテム番号 0 - 9
    int play = 0 ; // ガチャ実施回数

    srand((unsigned)time(NULL)); // 乱数初期化
    while( 1 ) {
        play ++ ;
        item = rand()%10 ; //0 〜 9 の乱数
        ItemCount[item] ++ ; // 入手アイテムの個数追加
        if(Complete()){
            break ;
        }
    }
    printf(" アイテム数 :") ;
    for( item = 0 ; item < 10 ; item ++ ){
        printf("%d,",ItemCount[item]) ;
    }
    printf("\n");
    printf(" 全種集めるまでに %d 回実施 \n",play) ;
    return 0;
}

int Complete()
{
    int i ;

    for( i = 0 ; i < 10 ; i ++ ){
        if( ItemCount[i] == 0 ) {
            return 0 ; // 無いアイテムがある
        }
```

> 乱数の利用については、Q2_6、例 2 - 4 参照。

> 「unsigned」は「unsigned int」と同じで「符号なし整数」の意味の型。

> アイテム数：6,1,9,2,7,4,6,2,4,7, 全種集めるまでに 48 回実施

> 実行するたびに異なる結果となる。

140

```
    }
    return 1 ;  // アイテムは全種そろっている（コンプリート）
}
```

Q9_6 ||||||||||||||||||||||||||||||||||||||||||||||||||||||||||||||||||||||||||||||||||||||||||||||||||||

```
#include <stdio.h>

double Ave( int n, double data[] ) ; //n件の実数データの平均値を返す
double Max( int n, double data[] ) ; //n件の実数データの最大値を返す
double Min( int n, double data[] ) ; //n件の実数データの最小値を返す

int main( void )
{
    int ninzu = 10 ;    // データ件数（人）
    double taiju[]      // 体重 (kg)
    = {55.3, 48.5, 65.7, 77.8, 45.2, 65.4, 49.2, 60.6, 45.8, 61.9};

    printf(" 人数 %d 人 \n 平均 %.2lf(kg)\n 最高 %.1lf(kg)\n 最小 %.1lf(kg)\n",
      ninzu,Ave(ninzu,taiju),Max(ninzu,taiju),Min(ninzu,taiju) ) ;
    return 0 ;
}
```

具体的な例。
設問は、汎用的。

```
/* n 件の実数データの平均値を返す。 */
double Ave( int n, double data[] )
{
    double sum = 0.0 ;
    int i ;

    for( i = 0 ; i < n ; i ++ ){
        sum += data[i] ;
    }
    if( n > 0 ){
        return( sum/(double)n ) ;
    }
    return -999.9 ; //n ≦ 0 のときはエラーコード -999.9 を返す
}
```

念のため、ゼロ除算エラーを避けた。

人数 10 人
平均 57.54(kg)
最高 77.8(kg)
最小 45.2(kg)

```
/* n 件の実数データの最大値を返す。 */
double Max( int n, double data[] )
{
    double max = -999.9 ;
    int i ;

    for( i = 0 ; i < n ; i ++ ){
```

```
        if( data[i] > max ){
            max = data[i] ;
        }
    }
    return max ;   //n ≦ 0 のときはエラーコード -999.9 を返す
}


/* n 件の実数データの最小値を返す。  */
double Min( int n, double data[] )
{
    double min = 999.9 ;
    int i ;

    for( i = 0 ; i < n ; i ++ ){
        if( data[i] < min ){
            min = data[i] ;
        }
    }
    return min ;   //n ≦ 0 のときはエラーコード 999.9 を返す
}
```

Q9_8 |||||||||||||||||||||||||||||||||||||||||||||||||||||||||||||||||||||||||||||||||||||||||

```
#include <stdio.h>

double Ave( int n, int data[] ) ;   // 平均値を返す

int main( void )
{       /* 5 人の学生の、数学・英語・国語の得点 */
    int score[5][3] = { {  98,  67,  88 },
                        {  36,  78,  92 },
                        { 100,  57,  76 },
                        {  65,  89,  74 },
                        {  89,  92,  79 }  } ;
    int stdnt ; // 学生 0 〜 4
    int sbjct ; // 科目 0 〜 2
    int sum ; // 得点の合計

    printf(" 学生番号  数学  英語  国語  個人平均 \n") ;
    for( stdnt = 0 ; stdnt < 5 ; stdnt ++ ){
        printf("%8d",stdnt+1) ;
        for( sbjct = 0 ; sbjct < 3 ; sbjct ++ ){
            printf("  %4d",score[stdnt][sbjct]) ;
        }
        printf("  %8.2lf\n",Ave(3,score[stdnt])) ;
    }
```

printf 関 数 で、%d を %8d とすると、8 桁右詰め表示。

%8.2lf は、全体で 8 桁で、小数点以下 2 桁表示。

142

```
    printf(" 科目平均 ") ;
    for( sbjct = 0 ; sbjct < 3 ; sbjct ++ ){
        sum = 0.0 ;
        for( stdnt = 0 ; stdnt < 5 ; stdnt ++ ){
            sum += score[stdnt][sbjct] ;
        }
        printf(" %5.1f",(double)sum/5.0) ;
    }
    printf("\n") ;
    return 0 ;
}

double Ave(int n, int data[])
{
    int sum = 0.0 ;
    int i ;

    for( i = 0 ; i < n ; i ++ ){
        sum += data[i] ;
    }
    if( n > 0 ){
        return( (double)sum/(double)n ) ;
    }
    printf(" エラー！ ( 関数 Ave()) \n") ;
    return 0.0 ;
}
```

学生番号	数学	英語	国語	個人平均
1	98	67	88	84.33
2	36	78	92	68.67
3	100	57	76	77.67
4	65	89	74	76.00
5	89	92	79	86.67
科目平均	77.6	76.6	81.8	

第 10 章　文字列の利用

Q10_2

```
#include <stdio.h>

int main( void )
{
    char str[100] ;
    int count ;

    printf(" 文字列：") ;
    scanf("%s",str) ;
    count = 0 ;
    while( str[count] != '\0' ){
        count ++ ;
    }
    printf(" 文字数 %d\n",count) ;
    return 0 ;
}
```

文字列：abcde
文字数 5

Q10_3

```c
#include <stdio.h>

int main( void )
{
    char str[100] ;
    int i ;

    printf(" 文字列（英数記号）:") ;
    scanf("%s",str) ;
    for( i = 0 ; str[i] != '\0' ; i ++ ) ;
    for( ; i >= 0 ; i -- ){
        printf("%c",str[i]) ;
    }
    printf("\n") ;
    return 0 ;
}
```

> 文字列（英数記号）：abcde
> edcba

Q10_6

```c
#include <stdio.h>

int main( void )
{
    char eto[12][5] =
      {" 子 "," 丑 "," 寅 "," 卯 "," 辰 "," 巳 "," 午 "," 未 "," 申 "," 酉 "," 戌 "," 亥 "};
    int seireki ;

    printf(" 西暦:") ;
    scanf("%d",&seireki) ;
    printf("%s 年です。\n",eto[(seireki+8)%12]) ;
    return 0 ;
}
```

> 西暦：2024
> 辰年です。

第 11 章　文字と文字列の操作

Q11_2

```c
/* ASCII コード表を表示する */
#include <stdio.h>

int main( void )
{
    int code ;
```

> ASCII コード 32 番の文字は
> スペース（空白文字）なの
> で表示しても見えません。

文字 表示	ASCII コード （10 進）	（16 進）
	32	20
!	33	21
	34	22
~	126	7e

```
    printf(" 文字   ASCII コード \n") ;
    printf(" 表示   (10 進 )(16 進 )\n") ;
    for( code = 32 ; code <= 126 ; code ++ ){
        printf("  %c    %3d    %2x\n",(char)code,code,code) ;
    }
    return 0 ;
}
```

Q11_3

```
#include <stdio.h>

int main( void )
{
    char str[100] ;
    int i ;

    printf(" 文字列 : ") ;
    scanf("%s",str) ;
    for( i = 0 ; str[i] != '\0' ; i ++ ){
        printf("%c ->",str[i]) ;
        if( ( 'A'<=str[i] && str[i]<='Z' )
         || ( 'a'<=str[i] && str[i]<='z' ) ){
            printf(" 英字 \n") ;
        }else if ( '0'<=str[i] && str[i]<='9' ){
            printf(" 数字 \n") ;
        }else{
            printf(" その他 \n") ;
        }
    }
    return 0 ;
}
```

設問では、大文字・小文字も区別。

文字列：R2D2&c-3po
R -> 英字
2 -> 数字
D -> 英字
2 -> 数字
& -> その他
c -> 英字
- -> その他
3 -> 数字
p -> 英字
o -> 英字

Q11_2 のプログラムで ASCII コード表を表示して参考にするとよい。

Q11_4

```
#include <stdio.h>

int main( void )
{
    char str[100] ;
    int i ;

    printf(" 大小文字混在 : ") ;
    scanf("%s",str) ;
    for( i = 0 ; str[i] != '\0' ; i ++ ){
        if( 'a'<str[i] && str[i]<'z' ){   // 小文字の場合
            str[i] -= ('a'-'A') ;         // 大文字に変換する
```

大小文字混在：plUt0
すべて大文字：PLUT0

Q11_2 のプログラムで ASCII コード表を表示して参考にするとよい。

```
        }
    }
    printf(" すべて大文字：%s\n",str) ;
    return 0 ;
}
```

Q11_5

```
#include <stdio.h>
#include <ctype.h>

int main( void )
{
    char str[100] ;
    int i ;

    printf(" 文字列：") ;
    scanf("%s",str) ;
    for( i = 0 ; str[i] != '\0' ; i ++ ){
        printf("%c ->",str[i]) ;
        if( isalpha( str[i] ) ){
            printf(" 英字 \n") ;
        }else if ( isdigit( str[i] ) ){
            printf(" 数字 \n") ;
        }else{
            printf(" その他 \n") ;
        }
    }
    return 0 ;
}
```

設問では、大文字・小文字も区別。

```
文字列：R2D2&c-3po
R  -> 英字
2  -> 数字
D  -> 英字
2  -> 数字
&  -> その他
c  -> 英字
-  -> その他
3  -> 数字
p  -> 英字
o  -> 英字
```

Q11_6

```
#include <stdio.h>
#include <ctype.h>
```

toupper 関数を使うために必要

```
int main( void )
{
    char str[100] ;
    int i ;

    printf(" 大小文字混在：") ;
    scanf("%s",str) ;
    for( i = 0 ; str[i] != '\0' ; i ++ ){
        if( islower( str[i] ) ){
            str[i] = toupper( str[i] ) ;
        }
```

```
大小文字混在：MetRopOlis
すべて大文字：METROPOLIS
```

```
    }
    printf(" すべて大文字：%s\n",str) ;
    return 0 ;
}
```

Q11_7

```
#include <stdio.h>
#include <string.h>        ───< strlen 関数を使うために必要

int main( void )
{
    char str[100] ;
    int num ;

    printf(" 文字列：") ;
    scanf("%s",str) ;
    num = strlen( str ) ;
    printf(" 文字数 %d\n",num) ;
    return 0 ;
}
```

> 文字列：abcde
> 文字数 5

第12章　アドレスとポインタ

Q12_2

```
#include <stdio.h>

int main( void )
{
    int n ;
    int *p ;

    n = 5 ;
    p = &n ;
    printf(" n の値：%d   &n の値：%x\n",n,&n) ;
    printf("*p の値：%d    p の値：%x\n",*p,p) ;
    return 0 ;
}
```

> p = &n ;
> *p = 5 ;
>
> などでも良い。

> n の値：5   &n の値：fff4
> *p の値：5   p の値：fff4

Q12_3

```
#include <stdio.h>

void swap( int *a , int *b ) ;
```

> 2つの整数（例 1 2）：3 5
> 値を入れ換えると、5 3

```c
int main( void )
{
    int su1 , su2 ;

    printf("2 つの整数（例 1 2）：") ;
    scanf("%d %d",&su1,&su2) ;
    swap( &su1 , &su2 ) ;
    printf(" 値を入れ換えると、%d %d\n",su1,su2) ;
    return 0 ;
}

void swap( int *a, int *b )
{
    int c ;

    c = *a ;
    *a = *b ;
    *b = c ;
}
```

Q12_4

```c
#include <stdio.h>

int waru( int x, int y, int *a, int *b ) ;

int main( void )
{
    int su1 , su2 , sho , amari ;

    printf("2 つの正の整数（例 10 3）：") ;
    scanf("%d %d",&su1,&su2) ;
    if( waru( su1 , su2 , &sho , &amari ) == 1 ){
        printf("%d ÷ %d = %d…%d\n",su1,su2,sho,amari) ;
    }else{
        printf(" エラー \n") ;
    }
    return 0 ;
}

int waru( int x, int y, int *a, int *b )
{
    if( x < 0 || y <= 0 ){
        return 0 ;
    }
    *a = x/y ;
```

```
2 つの正の整数（例 10 3）：7 3
7 ÷ 3 = 2…1
```

```
    *b = x%y ;
    return 1 ;
}
```

Q12_6 ‖‖‖

```
#include <stdio.h>

int main( void )
{
    char str[100] ;
    char *ptr ;

    printf("C を含む文字列：") ;
    scanf("%s",str) ;
    for( ptr = str ; *ptr != '\0' ; ptr ++){
        if( *ptr == 'C' ){
            break ;
        }
    }
    printf("%s\n",ptr) ;
    return 0 ;
}
```

> C を含む文字列：ABCDEFG
> CDEFG

Q12_7 ‖‖‖

```
#include <stdio.h>

char * MojiSagasi( char *retu, int moji ) ;

int main( void )
{
    char str[100] ;
    char *p ;

    printf("C を含む文字列：") ;
    scanf("%s",str) ;
    p = MojiSagasi( str, 'C' ) ;
    if( p != NULL ){
        printf("%s\n",p) ;
    }
    return 0 ;
}

char * MojiSagasi( char *retu, int moji )
{
    char *ptr ;
```

> char 型でも良い。

> C を含む文字列：ABCDEFG
> CDEFG

```
    for( ptr = retu ; *ptr != '\0' ; ptr ++){
        if( *ptr == moji ){
            return( ptr ) ; // はじめて moji があった場所
        }
    }
    return( NULL ) ;   //moji がなかった場合
}
```

第 13 章　構造体の利用

Q13_4 ‖‖

```
#include <stdio.h>

int main( void )
{
    typedef struct result {
        char    subject[21] ;
        int     score ;
    } RESULT ;

    RESULT grades[5] = {
        {" 国語 ",0}, {" 数学 ",0}, {" 理科 ",0}, {" 社会 ",0}, {" 情報 ", 0}
    };
    int i ;
    int sum = 0 ;

    for(i = 0 ; i < 5 ; i ++){
        printf("%s の得点：",grades[i].subject) ;
        scanf("%d",&grades[i].score) ;
    }
    for(i = 0 ; i < 5 ; i ++){
        printf("%s：%3d 点 \n",grades[i].subject,grades[i].score) ;
        sum += grades[i].score ;
    }
    printf(" 平均：%5.1lf\n",(double)sum/5.) ;
    return 0 ;
}
```

Q13_5 ‖‖

```
// 漢字読み方学習アプリ： 漢字の読みをひらがなで。全問正解するまで
#include<stdio.h>
#include<string.h>

typedef struct nandoku {
```

```
        char kanji[15] ;
        char yomi[25] ;
        int chk ; // 正誤チェック  0：正解済み 1：誤答または未回答
} NANDOKU ;

NANDOKU mondai[5] = {  {" 紫陽花 "," あじさい ",1},
    {" 蒲公英 "," たんぽぽ ",1}, {" 向日葵 "," ひまわり ",1},
    {" 石楠花 "," しゃくなげ ",1}, {" 無花果 "," いちじく ",1} } ;

int main( void )
{
    char kotae[30] ;
    int i ;
    int count = 0 ; // 正解してクリアした問題の数

    do{
        for( i = 0 ; i < 5 ; i ++ ){
            if( mondai[i].chk == 0 ){ // 正解済み
                continue ;
            }
            printf(" 問 %d：「%s」の読みをひらがなで：",i+1,mondai[i].kanji);
            scanf("%s",kotae) ;
            if( strcmp( kotae, mondai[i].yomi ) == 0 ){
                printf(" 正解！！ \n") ;
                count ++ ;
                mondai[i].chk = 0 ; // 正解した
            }else{
                printf(" まちがい！正解は「%s」です。 \n",mondai[i].yomi) ;
                mondai[i].chk = 1 ; // 誤答
            }
        }
        printf(" クリア：%d 問  不正解：%d 問 \n",count,5-count) ;
    }while( count < 5 ) ;  // 全問正解するまで
    printf(" 全問クリア！お疲れ様でした。 \n") ;
    return 0 ;
}
```

（この行は無くてもよい。）

Q13_6

```
#include <stdio.h>

typedef struct ningen {
    char  shimei[25] ;
    double shincho ;
} HITO ;

HITO *tallest( HITO *p ) ; // リスト中で最高身長の人を指すポインタを返す
```

```
HITO person[] = { {" 村上 まもる ",165.6}, {" 大島 七郎 ",172.5},
    {" 奥野 隆一 ",175.2}, {" 札貫 真理 ",157.3}, {" 吉永 いずみ ",163.5},
    {" 村岡 映児 ",163.8}, {" 大垣 龍太 ",165.5}, {" 城之内 時子 ",156.5},
    {" 徳川 寛一 ",142.7}, {" 間久部 正人 ",175.0}, {"",-99.} // 終端は負の値
} ;

int main( void )
{
    HITO *ptr ;

    ptr = tallest( person ) ;
    printf(" 最も身長が高い人は \n") ;
    printf("%s さん（身長 %.1lfcm）\n",ptr->shimei,ptr->shincho ) ;
    return 0 ;
}

HITO *tallest( HITO *p )
{
    HITO *taller ;

    taller = p ;
    while( p->shincho > 0 ){ // リスト終端は負の値としてある
        if( p->shincho > taller->shincho ){
            taller = p ;        // 同じ身長の人がいる場合はリストの前方優先
        }
        p++ ;
    }
    return taller ;
}
```

> 最も身長が高い人は
> 奥野 隆一さん（身長 175.2cm）

第 14 章　データ構造と動的メモリ割り当て

Q14_4 ||||||||||||||||||||||||||||||||||||||||||||||||||||||||||||||||||||||||||||||||||||||||||||||||||

```
#include <stdio.h>

typedef struct node{
    char question[50] ;
    struct node *yes ;
    struct node *no ;
} NODE ;

NODE question[4] = { { " 彼女はいる？ ", NULL, NULL },
                     { " 明日はヒマ？ ", NULL, NULL },
                     { " お金はある？ ", NULL, NULL },
                     { " 彼女におごってもらう？ ", NULL, NULL } } ;
```

```
NODE conclusion[2] = { { " デートできる ", NULL, NULL },
                       { " デートできない ", NULL, NULL } } ;

void SetLink( void ) ; // データリンクを設定
void Diagnosis( NODE *ptr ) ;  // 診断の実行

void SetLink( void )
{
    question[0].yes = &question[1] ;
    question[1].yes = &question[2] ;
    question[2].yes = &conclusion[0] ;
    question[3].yes = &conclusion[0] ;
    question[0].no  = &conclusion[1] ;        図を描け
    question[1].no  = &conclusion[1] ;
    question[2].no  = &question[3] ;
    question[3].no  = &conclusion[1] ;
}


int main( void )
{
    SetLink() ;
    Diagnosis( question ) ;
    printf("\n") ;
    return 0 ;
}

void Diagnosis( NODE *ptr )
{
    int ans ;

    printf("%s",ptr->question) ;
    if( ptr->yes == NULL ){        再帰呼び出しの復帰条件
        return ;
    }
    printf("  [1]YES  [2]NO :") ;
    scanf("%d",&ans) ;
    if( ans == 1 ){
        Diagnosis( ptr->yes ) ;        再帰呼び出し
    }else{
        Diagnosis( ptr->no ) ;        再帰呼び出し
    }
}
```

153

演習問題の解答と解説

Q14_5 ||||||||||||||||||||||||||||||||||||||||||||||||||||||||||||||||||||||||||||||||||||||||||||||||||||||||||||

```
#include <stdio.h>
#include <stdlib.h>

int main( void )
{
    int *ap ; //2次元配列のように使う領域を指すポインタ（ap[] の配列名）
    int n, m ; // 仮想2次元配列 a[n][m] の要素数（実際は ap[n*m] で代用）
    int i, j ; //a[n][m] の i行j列の要素 a[i][j]（実際は ap[i*m+j]）

    printf("2次元配列 a[n][m] の n m ?>") ;
    scanf("%d %d",&n,&m) ;
    if ( ( ap=(int *)malloc( sizeof(int)*n*m ) ) == NULL){
        printf(" メモリ割り当てエラー \n") ;
        exit(1) ;
    }
    for( i=0; i<n; i++ ){
        for( j=0; j<m; j++ ){
            ap[i*m+j] = 2*i+j ; // 適当な値を代入
        }
    }
    for( i=0; i<n; i++ ){
        for( j=0; j<m; j++ ){
            printf("%3d,",ap[i*m+j]) ; //ap[n][m] の要素 ap[i][j] の代わり
        }
        printf("\n") ;
    }
    printf("\n") ;
    for( i=0; i<n*m; i++ ){
        printf("%d,",ap[i]) ;
    }
    printf("\n") ;
    free(ap) ;
    return 0 ;
}
```

```
2次元配列 a[m][n] の m n ?>3 4
  0,  1,  2,  3,
  2,  3,  4,  5,
  4,  5,  6,  7,

0,1,2,3,2,3,4,5,4,5,6,7,
```

Q14_6 ||||||||||||||||||||||||||||||||||||||||||||||||||||||||||||||||||||||||||||||||||||||||||||||||||||||||||||

```
#include <stdio.h>
#include <stdlib.h>
#include <string.h>

typedef struct hito {
    char shimei[25] ;
    double shincho ;
    struct hito *next ;
```

```c
} HITO ;

void    InputData( void ) ;  // データ入力を受け付けリストを作成
HITO * SearchHigh( void ) ;  // 最も背の高い人を探す
void    FreeData( HITO *p ) ;  // データリストのメモリ解放

HITO *root , *last ;  // リストの先頭，最後

int main( void )
{
    HITO *hp ;  // 最も背の高い人を指す

    InputData() ;
    hp = SearchHigh() ;
    if( hp != NULL ){
        printf(" 最も背が高いのは、\n") ;
        printf("%s さん (%.1fcm) です \n",
            hp->shimei,hp->shincho) ;
    }
    FreeData( root ) ;
    return 0 ;
}

/* データの入力を受け付けリストを作る */
void InputData( void )
{
    HITO *ptr ;
    char name[21] ;  // 氏名
    float height ;   // 身長

    last = root = NULL ;
    printf(" データ入力 \n") ;
    printf(" （氏名に END と入力すると終了）\n") ;
    while(1){
        printf("\n 氏名：") ;
        scanf("%s",name) ;
        if( strcmp(name,"END") == 0 ){
            break ;
        }
        printf(" 身長：") ;
        scanf("%f",&height) ;
        ptr = ( HITO * )malloc( sizeof(HITO) ) ;
        strcpy(ptr->shimei,name) ;
        ptr->shincho = height ;
        ptr->next = NULL ;
        if( last == NULL ){ //1 人目
            root = ptr ;
```

データ入力
（氏名に END と入力すると終了）

氏名：一ノ関和男
身長：165.5

氏名：中西ミユキ
身長：155.2

氏名：青木幹男
身長：172.7

氏名：山下クミ
身長：164.3

氏名：END
最も背が高いのは、
青木幹男さん (172.7cm) です

```
            last = root ;
        }else{  //2人目以降
            last->next = ptr ;
            last = last->next ;
        }
    }
}
```

図を描け

```
/* 最も背の高い人を指すポインタを返す */
HITO * SearchHigh( void )
{
    HITO *ptr ;
    HITO *max_ptr = NULL ; // 最も背の高い人を指す
    double max = -999.9 ; // 最高身長

    for( ptr = root ; ptr != NULL ; ptr = ptr->next ){
        if( ptr->shincho > max ){
            max = ptr->shincho ;
            max_ptr = ptr ;
        }
    }
    return max_ptr ;
}
```

```
/* データリストのメモリ領域を開放 */
void FreeData( HITO *p )
{
    if( p == NULL ){
        return ;
    }
    FreeData( p->next ) ;
    free( p ) ;
}
```

第15章　ファイル操作

Q15_2

```
#include <stdio.h>

int main( void )
{
    char filename[21] ;
    char str4save[100] ;  // ファイルに書き出す文字列を格納
    char loadedStr[100] ; // ファイルから読み込んだ文字列を格納
    FILE *fp ;
```

```
        printf(" ファイル名：") ;
        scanf("%s",filename) ;
        // 文字列をファイルに書き出す
        fp = fopen( filename,"wt" ) ;
        printf(" ファイルに書き出す文字列：") ;
        scanf("%s",str4save) ; // キーボードから読み込む
        fprintf(fp,"%s",str4save) ; // ファイルに書き出す
        fclose(fp) ;
        // 文字列をファイルから読み込む
        fp = fopen( filename,"rt" ) ;
        fscanf(fp,"%s",loadedStr) ; // ファイルから読み込む
        printf(" ファイルから読み込んだ文字列：") ;
        printf("%s\n",loadedStr) ; // 画面に書き出す
        fclose(fp) ;
        return 0 ;
}
```

> ファイル名：test.txt
> ファイルに書き出す文字列：Next World
> ファイルから読み込んだ文字列：Next

> fscanf 関数は、スペース（空白文字）や改行コード '\n' を区切りと扱うので空白までしか読み出せない。空白も読むには**例15-5**。

Q15_3

```
// ガチャシミュレーション（「はずれ」ありバージョン）
#include <stdio.h>
#include <stdlib.h>
#include <time.h>

int Complete( void ) ;
void SaveData( void ) ;
void LoadData( void ) ;
void DispCollection( void ) ;

typedef struct _goods{
    int count ; // 入手したアイテムの数
    double rate ; // 当たり率：0.0 ～ 1.0
}GOODS ;

GOODS goods[10] = {
    {0,0.1}, {0,0.1}, {0,0.1}, {0,0.2}, {0,0.3},
    {0,0.4}, {0,0.5}, {0,0.6}, {0,0.7}, {0,0.8}
} ;
int play = 0 ; // ガチャ実施回数
int TotalCost = 0 ; // 課金額の合計

int main( void )
{
    int item ; // アイテム番号 0 － 9
    int ans ; // 選択されたメニュー番号
    int gachaSet = 0 ; // 連続実施回数
```

> 何を確かめたいか、知りたいか、によってシミュレーションを設計しよう。

> 当たり率を変えて試してみると面白いかも。

```
    srand((unsigned)time(NULL)); // 乱数初期化
    printf("[1] 新規開始 [2] 保存ずみデータを読み込む：") ;
    scanf("%d",&ans) ;
    if(ans==2){
        LoadData() ;
    }
    while( 1 ) {
        if(gachaSet==0){
            DispCollection() ;
            printf("[1]100 円で 1 回 [2]1000 円で 12 回 [3] 保存して終了：") ;
            scanf("%d",&ans) ;
            if(ans==1){
                gachaSet = 1 ; //1 回
                TotalCost += 100 ; //100 円
            }else if(ans==2){
                gachaSet = 12 ; //12 回
                TotalCost += 1000 ; //1000 円
            }else{
                SaveData() ;
                break ; //break while(1)
            }
        }
        play ++ ;
        gachaSet -- ; // 連続実施の残り回数
        item = rand()%10 ; // アイテム番号：0 ～ 9 の乱数
        printf(" アイテム %-2d->",item+1) ;
        if(rand()%100<goods[item].rate*100.){ // 当たり率以内なら当たり
            printf(" 当たり \n") ;
            goods[item].count ++ ; // 入手アイテムの個数追加
            if(Complete()){ // 全種類コンプリート
                printf(" 全種類集まりました。終了します。\n") ;
                DispCollection() ;
                printf(" これまでに %d 回実施。課金 %d 円 \n",play,TotalCost) ;
                break ; //break while(1)
            }
        }else{
            printf(" はずれ \n") ;
        }
    }
    return 0;
}

void DispCollection( void )
{
    int i ;

    printf(" アイテム 1 ～ 10 の獲得数：") ;
```

> コンプリート時点の結果を別のデータファイルに追加していき、後でデータを解析すると良いかも。

```
[1] 新規開始 [2] 保存ずみデータを読み込む：2
これまでに 114 回実施。課金 10000 円
アイテム 1 ～ 10 の獲得数：2,1,4,0,5,5,10,6,8,13,
[1]100 円で 1 回 [2]1000 円で 12 回 [3] 保存して終了：1
アイテム 4 -> 当たり
全種類集まりました。終了します。
アイテム 1 ～ 10 の獲得数：2,1,4,1,5,5,10,6,8,13,
これまでに 115 回実施。課金 10100 円
```

```c
    for( i = 0 ; i < 10 ; i ++ ){
        printf("%d,",goods[i].count) ;
    }
    printf("\n");
}

void SaveData( void )
{
    FILE *fp ;
    int i ;

    printf(" これまでに %d 回実施。課金 %d 円 \n",play,TotalCost) ;
    if( (fp = fopen("data.txt","wt")) == NULL ){
        printf(" ファイルオープンエラー（セーブ）\n") ;
        return ;
    } ;
    for( i = 0 ; i < 10 ; i ++ ){
        fprintf(fp,"%d,%lf,",goods[i].count,goods[i].rate) ;
    }
    fprintf(fp,"%d,%d",play,TotalCost) ;
    fclose(fp) ;
}

void LoadData( void )
{
    FILE *fp ;
    int i ;

    if( (fp = fopen("data.txt","rt")) == NULL ){
        printf(" ファイルオープンエラー（ロード）\n") ;
        return ;
    } ;
    for( i = 0 ; i < 10 ; i ++ ){
        fscanf(fp,"%d,%lf,",&goods[i].count,&goods[i].rate) ;
    }
    fscanf(fp,"%d,%d",&play,&TotalCost) ;
    fclose(fp) ;
    printf(" これまでに %d 回実施。課金 %d 円 \n",play,TotalCost) ;
}

int Complete()
{
    int i ;

    for( i = 0 ; i < 10 ; i ++ ){
        if( goods[i].count == 0 ) {
            return 0 ; // 無いアイテムがある
```

```
        }
    }
    return 1 ;  // アイテムは全種そろっている（コンプリート）
}
```

Q15_4 ||||||||||||||||||||||||||||||||||||||||||||||||||||||||||||||||||||||||||||||||||||||||||||||||||||||||

```
#include <stdio.h>
#include <stdlib.h>
#include <string.h>

int main( void )
{
    FILE *fp ;
    int count ;          // データ件数
    char name[31] ;      // 名前
    char tallest[31] ;   // 最高身長の人の名前
    double height ;      // 身長
    double max ;         // 最高身長
    double sum ;         // 身長の合計

    if((fp=fopen("data.txt","rt"))==NULL){
        printf("fopen err\n") ;
        exit(0) ;
    }
    count = 0 ;
    max = sum = 0.0 ;
    while(fscanf(fp,"%s %f",name,&height) != EOF){
        printf("%-12s %.1lf\n",name,height) ;
        count ++ ;
        sum += height ;
        if( height > max ){
            max = height ;
            strcpy( tallest, name ) ;
        }
    }
    printf(" 以上 %d 人 \n",count) ;
    if( count > 0 ){
        printf(" 平均身長 %.2lf(cm)\n",sum/(double)count) ;
        printf(" 最高身長は、\n") ;
        printf("%s さんの %.1lf(cm)\n", tallest, max) ;
    }
    fclose(fp) ;
    return 0 ;
}
```

近石昭吾 168.9
長沢由美 150.7
手塚良仙 171.5
野崎舞利 153.8
星光一 178.2
戸隠美穂 165.3
三戸真也 176.3
沖洋子 154.5

近石昭吾　　　168.9
三戸真也　　　176.3
沖洋子　　　　154.5
以上 8 人
平均身長 164.90(cm)
最高身長は、
星光一さんの 178.2(cm)

左づめ 12 文字分

160

Q15_5

```c
#include <stdio.h>

int main( void )
{
    FILE *fp ;
    int c ;
    char filename[20] ;
    int line ; // 行数

    printf(" ファイル名 :") ;
    scanf("%s",filename) ;
    if( ( fp = fopen( filename, "rt" ) ) == NULL ){
        printf(" ファイルオープンエラー \n") ;
        return 0 ; //exit without doing anything
    }
    line = 1 ;
    printf("%3d ",line) ;
    while( ( c = fgetc( fp ) ) != EOF ){
        putchar( c ) ;
        if( c == '\n' ){
            line ++ ;
            printf("%3d ",line) ;
        }
    }
    printf("\n") ;
    fclose(fp) ;
    return 0 ;
}
```

```
ファイル名 : q1_1.c
 1 #include <stdio.h>
 2
 3 int main ( void )
 4 {
 5      printf(" ようこそ C の世界へ！") ;
 6      return 0 ;
 7 }
 8
```

Q15_6

```c
#include <stdio.h>

void Encode( void ) ; // 暗号化
void Decode( void ) ; // 暗号解読

int main( void )
{
    int menu ;

    printf("1. 暗号化　2. 暗号の解読 (1 or 2):") ;
    scanf("%d",&menu) ;
    switch( menu ) {
      case 1 : Encode() ; break ;
      case 2 : Decode() ; break ;
```

```
        default : printf(" 入力エラー \n") ;
    }
    return 0 ;
}

void Encode( void )
{
    FILE *fp , *ofp ;
    int c ;
    char filename[50] ;

    printf(" データファイル名は？:") ;
    scanf("%s",filename) ;
    if( ( fp = fopen( filename, "rt" ) ) == NULL ){
        printf("%s ファイルオープンエラー \n",filename) ;
        return ;
    }
    if( ( ofp = fopen( "ango.sft", "wt" ) ) == NULL ){
        printf("ango.sft ファイルオープンエラー \n") ;
        return ;
    }
    while( ( c = fgetc( fp ) ) != EOF ){
        fputc( c+1 , ofp ) ; // 暗号化
    }
    printf(" 暗号ファイル ango.sft を出力しました。\n") ;
    fclose(ofp) ;
    fclose(fp) ;
}

void Decode( void )
{
    FILE *fp  ;
    int c ;

    if( ( fp = fopen( "ango.sft", "rt" ) ) == NULL ){
        printf("ango.sft ファイルオープンエラー \n") ;
        return ;
    }
    while( ( c = fgetc( fp ) ) != EOF ){
        putchar( c-1 ) ; // 暗号解読
    }
    printf("\n") ;
    fclose(fp) ;
}
```

message.txt

ガラスの地球を救え！

1. 暗号化　2. 暗号の解読 (1 or 2):1
データファイル名は？：message.txt
暗号ファイル ango.sft を出力しました。

ango.sft

‰ É ≠ ‰ Ñ ™ ‰ É ∫ ‰ ÇØÊ ù ±
Ë ë Ñ‰ É ì Á ñ í ‰ Ç â □ Ω ç

出力された暗号ファイル

1. 暗号化　2. 暗号の解読 (1 or 2):2
ガラスの地球を救え！

解読された暗号

入門者がＣ言語で困るポイントを３点補足説明します。

① 大きな値が正しく計算できない（いくつ以上でオーバーフローするか）

printf("%d",sizeof(int)); の結果（int 型のデータサイズ）は多くの場合「4」バイトですが処理系によっては「2」バイトのこともあります。int 型の値の表現範囲（オーバーフローしない範囲）はデータサイズで決まります。

表現範囲を確認するか、int x=1; で x*=2; を反復表示する（2 倍するごとに 2 進数のひと桁（1bit）だけ必要なデータサイズが増す）などして確かめましょう。

unsigned（符号なし）の整数型や、long、long long など範囲の広い整数型もあります。浮動小数点数（double 型など）で解決できる場合もあります。

② scanf 関数が連続するとき 2 回目の文字入力がうまく動作しない

```
char x, y ;

scanf("%c",&x);
scanf("%c",&y);
printf("%c %c",x,y) ;
```

左のように scanf 関数が連続し、後の scanf が文字型指定 %c の場合 (前の scanf は文字型に限らない) に、期待した動きとは違い後ろの scanf が実行されずに飛ばされたかのように動くことがあります。それは、char 型が 1 バイトであるため前の scanf のときに値に続けて入力したエンターキー（1 バイトの改行コード '\n'）が、後の scanf でキー入力を待たずに y の値として読み込まれてしまうからです。

```
char x, y ;

scanf("%c",&x);
scanf("%*c%c",&y);
printf("%c %c",x,y) ;
```

例えば、左のようにすれば、余分な改行コードが読み飛ばされて、期待した動きになります。%*c は、文字型サイズ（1 バイト）のデータを読み飛ばす（読み取った値を変数に格納しない）働きをします。

③ 乱数が実行ごとに変化しない

srand(time(NULL)) を実行しても rand()%7 の値が毎回同じになるなど、一部の環境で乱数が期待した動作とならない場合が知られています。

乱数にはクセがあり実行環境や使い方によって不都合が起きる場合もあります。上記のように 0 〜 6 の値をランダムに得たい場合、rand()%8 を 0 〜 6 になるまで繰り返したり、初期化を srand(time(NULL)<<16); として試してみてください。

あとがき

　プログラミングの実力は、ステップアップできましたでしょうか。難しい内容もありましたが、考えながら順に理解することで、確かな力になったことでしょう。

　AI がプログラムを生成する時代に、自らの手で表現することは、それ自体が楽しみでもあり、養われた力は一生の宝となる技能であると確信します。AI が自動運転を実現しても、自ら乗り物を操る楽しみはなくならず、レーシング・ドライバーの高度な運転技能は価値を失いません。プロの棋士を超える AI が実現しても、将棋を指す楽しみは変わらず、棋士の価値も失われないどころか、AI を利用して更に高いレベルに達する棋士が生まれています。

　本書の前身は、プログラミングは理系技術者の特殊技能という見方が残る 21 世紀最初の年に、コンピュータの知識を前提とせず文系の学生でも学びやすい教科書を目指して、世に出したものでした。出版以来、20 年以上の間、著者自身が大学の演習授業で教科書として利用し、多くの学生がともに学んでくれました。名古屋文理大学名誉教授の森博先生をはじめとする他の先生方や自学自習をされる一般の読者にも広くご利用いただき、ご意見やご指摘もいただきました。とても感謝しています。この度、AI 時代（小・中・高校でプログラミングが必修化し、すべての大学で「数理・データサイエンス・AI 教育」が行われる時代）を迎え、大幅に加筆・修正しステップアップ方式を取り入れて「プログラミング経験の有無にかかわらず理系も文系も利用できる、これからのプログラミング教育のための演習書」として本書を作りました。

　ぜひ、本書で身につけたプログラミングの力を発揮し、創造性を膨らませて、新しいソフトウェアの実現に挑んでください。

```
#include <stdio.h>

int main( void )
{
    printf("May the Force of Programming be with you.") ;
    return 0 ;
}
```

> プログラミングの力を
> 発揮しよう。

解説 実行すると C 言語をマスターしたあなたへのメッセージが表示されます。

　末筆ながら、本書の実現にご尽力いただいた近代科学社の伊藤雅英、山口幸治両氏ならびに関係各氏に心より感謝申し上げます。

2023 年 9 月　長谷川 聡

索引

著者略歴

長谷川 聡 （はせがわ さとし）

1964 年生まれ。名古屋大学理学部物理学科卒業、名古屋大学大学院多元数理科学研究科博士前期課程、名古屋大学大学院情報科学研究科博士後期課程修了。博士（情報科学）。

（株）島津製作所（情報システム部 AI 化推進グループ／東京研究所ほか）勤務、名古屋文理短期大学情報処理学科、名古屋文理大学情報文化学部勤務を経て、現在、名古屋文理大学情報メディア学部 教授／副学長・学部長。(NPO 法人) スマートライフ学会理事。

共著書：御橋廣眞 編著『蛍光分光とイメージングの手法』（「7 章 画像処理と画像解析」を担当）、学会出版センター。

組版・装丁　安原悦子
編集　伊藤雅英

■本書に記載されている会社名・製品名等は、一般に各社の登録商標または商標です。本文中の ⓒ、®、TM 等の表示は省略しています。

■本書を通じてお気づきの点がございましたら、reader@kindaikagaku.co.jp までご一報ください。

■落丁・乱丁本は、お手数ですが（株）近代科学社までお送りください。送料弊社負担にてお取替えいたします。ただし、古書店で購入されたものについてはお取替えできません。

ぞうほしんていばん

増補新訂版　よくわかる C 言語

れいだい　　りかい　　　　ステップ エービーシー

イメージと例題で理解する Step ABC

2023 年 10 月 31 日　　初版第 1 刷発行

著　者　　長谷川 聡
発行者　　大塚 浩昭
発行所　　株式会社近代科学社
　　　　　〒101-0051 東京都千代田区神田神保町1丁目105番地
　　　　　https://www.kindaikagaku.co.jp

© 2023　Satoshi Hasegawa
Printed in Japan
ISBN978-4-7649-0665-5
印刷・製本　中央印刷株式会社

あなたの研究成果、近代科学社で出版しませんか？

▶ **自分の研究を多くの人に知ってもらいたい！**
▶ **講義資料を教科書にして使いたい！**
▶ **原稿はあるけど相談できる出版社がない！**

そんな要望をお抱えの方々のために
近代科学社 Digital が出版のお手伝いをします！

近代科学社 Digital とは？

ご応募いただいた企画について著者と出版社が協業し、プリントオンデマンド印刷と電子書籍のフォーマットを最大限活用することで出版を実現させていく、次世代の専門書出版スタイルです。

近代科学社 Digital の役割

- **執筆支援** 編集者による原稿内容のチェック、様々なアドバイス
- **制作製造** POD 書籍の印刷・製本、電子書籍データの制作
- **流通販売** ISBN 付番、書店への流通、電子書籍ストアへの配信
- **宣伝販促** 近代科学社ウェブサイトに掲載、読者からの問い合わせ一次窓口

近代科学社 Digital の既刊書籍 （下記以外の書籍情報は URL より御覧ください）

詳解 マテリアルズインフォマティクス
著者：舩津公人／井上貴央／西川大貴
印刷版・電子版価格(税抜)：3200円
発行：2021/8/13

超伝導技術の最前線[応用編]
著者：公益社団法人 応用物理学会
超伝導分科会
印刷版・電子版価格(税抜)：4500円
発行：2021/2/17

AIプロデューサー
著者：山口 高平
印刷版・電子版価格(税抜)：2000円
発行：2022/7/15

詳細・お申込は近代科学社 Digital ウェブサイトへ！
URL: https://www.kindaikagaku.co.jp/kdd/